블록체인 세계의 이해와 응용

◇ 책을 만들며 ◇

블록체인기술

블록체인기술은 브랜드이며 상표이다. 또는 인터넷 + 알파이다. 알파는 클라우드, 빅데이터, 인공지능이 문제해결, 사물 인터넷, 자율주행, 인공지능 정보사회로 접근해 볼 수 있다. 신뢰를 바탕으로 생성된 플랫폼 시장을 상품으로 볼 수 있다. 그래서 블록체인기술은 새로운 검색엔진이고 정보는 엔진을 가동시키는 자율적 형태의 지능화된 정보에너지로 정의된다. 그러나 상상하는 산업분야마다 블록체인기술의 이해는 다양하게 해석된다.

블록체인은 왜 혁명인가?

1975년 PC의 등장으로 정보를 소유하고 생산하였다면, 1993년 인터넷의 등장은 정보를 공유하여 가치 있는 세상이 전개되었고, 블록체인 기술은 신뢰를 바탕으로 묶음단위 전자정보원본를 전자정보통신망ICT을 통하여 전자언어로 전송하는 혁신적이고 가치 있는 인터넷의 공유·연결로 실용화되는 파괴적인 유동적 액체사회의 등장으로 인간의 삶과 행동양식의 근본부터 변화되는 시대에 살고 있다.

블록체인기술은 21세기 인터넷에서 새로운 디지털정보망의 구축으로 4차 산업사회 전반에 혁명적인 변화로 최근 각 나라별 가장 뜨거운 화두가 되고 있는 제2의 인터넷 블록체인 기술이다. 또한 세대별로 보면 제트기 세대10대에서 20대, 밀레니엄 세대80년에서 2000년 출생, 386 세대, 베이비붐 세대, 노년 세대로 생태환경의 변화에 따라 부분되어진다. 저자가 가장 두려워하는 것은 제트기 세대와 밀레니엄 세대만의 이해할 수 있는 IT 기술의 절벽과 함께 인구분포의 세대차별화가 급속도록 진행되면서 생태환경은 함몰되어 가고 있다.

지금 대한민국은 4차 산업의 충격적인 혁명을 보고 듣고 알고 있는데 무엇이 어떻게 오는지 모르고 있다.

블록체인의 실용화

블록체인은 하나의 정보를 묶음단위로 이어지는 새롭게 만들어진 네트워크 통신망으로 연결된 정보화 데이터를 암호화하여 참여자들이 공유, 연결, 거래, 교환 등 사회적 합의하에 정보거래 내력을 분산하여 신뢰할 수 있도록 단순하게 만든 플랫폼시장을 구축하고 이를 실현하는 일련의 과정들이 정보가 블록화 · 실용화되고 있다.

이와 같이 지능정보사회는 인공지능 → 빅데이터 → Lot → 플렛폼 → 서비스디자인으로 정교한 미래를 예측 가능한 예술의 세계이다.

최근 암호화폐 트랜드가 일반화 될 것이라고 예측하는 이유는 블록체인의 기술을 기반으로 사회 전반에 영향을 미치는 기술의 개발과 활용은 금융산업의 개혁과 민주화, 자산가치의 변화와 자유로운 이동, 자본시장의 흐름의 자유화를 통하여 블록체인 기술은 지속적으로 발전될 것이다.

블록체인이 사람들에게 회자되고 확산되기 시작한 것은 2016년부터이다. 기업은 적응 및 응용단계를 넘어 일상의 변화에 특화되어 상용화되고 있는 실정이다.

블록체인의 특징은 신뢰성을 바탕으로 안전, 보안의 보장, 투명한 정보공유, 거래비용의 저렴함, 위변조가 불가능하고 사용자간에 시간과 비용을 절감할 수 있다.

일상생활에서 얻어진 정보데이터가 새롭게 디자인된 지식의 묶은 단위가 전자숫자로 기록되는 것이 디지털 사회이며, 이는 소유에서 공유경제 질서의 변화이고 유동적 액체사회의 신선한 충격이다. 기업에게는 새로운 성장의 기회, 개인에게는 순이익의 소득증대, 사회 전반에는 새로운 편의성을 제공하고 삶의 혁신과 일거리들이 알고리즘 형태로 연동되어 제공할 것이다.

블록체인화는 인력, 자본, 정보가 하나의 플렛폼 마케팅시장을 형성하기 위해서는 시간과 비용, 인적자원의 확보를 전제하에 법과 규제, 금융, 행정, 교육, 의료, 유통, 산업, 관광서비스 등 전체 산업분야에 합리적이고 제한적 규제가 조화된 조례가 필요하다.

블록체인 사회의 변화

한국에서 블록체인 산업 자체를 고사시키려는 여러 규제는 관치사고의 시대적 착오이다. 미국, 일본, 스위스, 스웨덴, 싱가포르, 에스토니아, 몰타 등 이미 블록체인 특구로 자리 잡은 모델을 벤치마킹하여 자리 잡고 있다. 우리나라도 IT강국이라 하지만 블록체인 기술개발시대에는 뒤처지는 실정에 처해 있다.

자유민주의 자본의 변화는 소유경제에서 공유경제로의 전환이다. 결국 혼자서는 엄청난 정보를 분석하거나 예측이 어려운 다원적 공동체로의 변화로 볼 수 있다. 불확실성에 살고 있는 지금 청년의 실업문제를 해소하고, 소외 계층이 복지가 우선하는 살기 좋은 나라, 소상공인, 자영업자들의 대한민국에 태어남을 자랑스럽게 여기는 공정 · 공평 · 정의롭고 공감하는 평화스런 나라가 되길 기대하고 희망해 본다.

사람의 심리는 공들여 얻은 것에는 애착이 더한 법이다. 싸고 좋은 물건은 없다. 좋고 싼 물건은 있다. 그것은 도덕적 양심이며 정의이며 상도덕일 것이다.

인간은 누구나 각자 해석하고 인지한 만큼 살아간다. 먼저 피는 꽃이 일찍 시들고 늦게 피는 꽃도 아름답게 사랑하고, 지는 황혼도 눈부셔 보이는 마음과 행동이 늘 깨우치기를 기도한다. 책을 펴내는 공동 저자의 마음은 개척과 도전이라는 기본 틀에 글쓰기의 핵심을 두고 있다.

요즘 기대반 우려반 모든 것들이 함몰된 상태에서 책이라는 자신들의 언어와 몸짓으로 승화된 이야기기를 통하여 자아실현의 기회를 갖고, 자신감의 회복과 부활이며 개척의 힘과 에너지가 충만되길 바란다.

특히 블록체인 응용사례인 블록체인기술을 이용한 신용정보 보상 프로그램을 연구개발하고 응용사례 화이트백서를 가치 있고 품격 있게 저술하신 이인형 위원장님과 제주특화 사업인 제주 화산송이Scorial를 이용한 기능성 제품개발 및 제조, 화장품의 비밀과 진실, 연구 및 관심분야인 2020년 전 진시왕을 위한 서복의 블록초 역사와 관련된 "황해해양문화권 엑스포"를 준비하시는 박광렬 회장님과 함께 뜨겁고 영롱한 햇살이 아우러진 2019년 여름은 우리에게 무한한 행복이며, 소중한 추억들의 기록이고, 기억됨은 기쁨의 열정이며 흥분이었다. 어딘지는 모르지만 채워지고 승화된 감성에너지가 인연이 되어 공동 저자의 마음과 언어로 우리들의 몸짓이 책이 되었다.

특히 포예원 연구원의 열정과 재치 넘치는 호소력이 화장품 업계에 박식한 지식과 학문을 겸비한 학자가 되는 출발점이며, (주)송이산업 연구소에서 화장품의 비밀과 진실에 관심을 갖고 연구된 내용들이 소중한 자산으로 기억되기를 소망한다.

요즘 화두가 되고 있는 유동적인 액체사회의 변화는 세대별 계층간 정치문화의 충돌이 우려되는 시점에 블록체인 세계의 이해와 응용 연구사례가 전문가들의 조금이나마 이해하는데 도움이 되었으면 한다. 항상 용기와 열정의 깨우침을 주신 모든 이들의 후덕함에 고마운 마음을 느낀다.

조건 없이 여기 오기까지 버팀목이 되고 디딤돌이 되어주고 사랑의 울타리를 함께 만들어준 가족과 지인들에게 겸손한 마음으로 감사함을 함께 나누고 싶다. 의기의 불꽃이, 호기심과 뜨거운 열정이, 용기가 감성으로 부활되어 책 쓰기를 마무리 할 수 있었다.

2019년 10월

박광열 · 이인형 · 박정환 · 포예원

Contents

APPENDIX

블록체인 세계의 이해와 응용

BLOCK CHAIN

PART 01

BLOCK CHAIN

블록체인Block Chain의 세계

블록체인의 개념을 토대로 제2의 인터넷 활성화 속에 금융 산업의 민주화, 자산의 자유로운 이동, 자본주의 시장의 자유화, 블록체인과 4차 산업의 기술혁명으로 새로운 인터넷 발전교육, 회계, 물류, 보험, 보안 등에 활용, 탈중앙통제, 분산처리 서비스 등을 가져오고 있다. 다소 미숙한 기술과 미흡한 쇼프트웨어 문제점에 대한 블록체인 기술은 정부나 공공영역에 어떻게 적용될 수 있는가 하는 저자의 숙제이기도 하다. 블록체인 기술은 콘텐츠화, 비즈니스 사업의 기반을 둔 기술의 발달된 경영적 측면에서 혁신과 창조를 더욱 가속화시킬 것이다.

블록체인이란 무엇인가?

블록체인Block Chain은 '체인Chain'으로 구성된 '블록Block'을 의미한다. 모든 정보 거래 내역 및 이용은 블록 단위로 저장되고 각각의 블록은 체인으로 서로 연결이 되어 있다. 최초 블록부터 현재 블록까지 한 번 생성된 블록은 변경되거나 삭제되지 않는다. 또한 블록체인은 '분산원장Distributed Ledger'이라 부른다. 또한 개인과 개인이 직접 연결되는 P2PPeer to Peer 네트워크 형식의 '분산원장' 구조로 데이터를 공유하는 기술이다.

최근에는 블록체인 기술에 착안하여 여러 연구와 개발이 진행되고 있다. 다양한 산업분야 연구개발에 있어 탈중앙화 금융 분야에 두드러지게 나타나고 있다.

투표, 금융, 건강, 보험, 인공지능 활용 공유사업 및 엔터테인먼트 등 온갖 분야에 블록체인을 응용하려는 움직임이 가속화되고 있으며 각국 정부와 중앙은행에서도 독자적인 암호화폐를 개발하려는 움직임을 보이고 있다.

블록체인Block Chain은 P2PPeer to Peer 네트워크를 활용한 분산 데이터베이스의 하나로 암호화폐 거래 내역을 기록하는 장부이다. 공공의 거래 장부는 공개로 관리한다는 뜻이다.

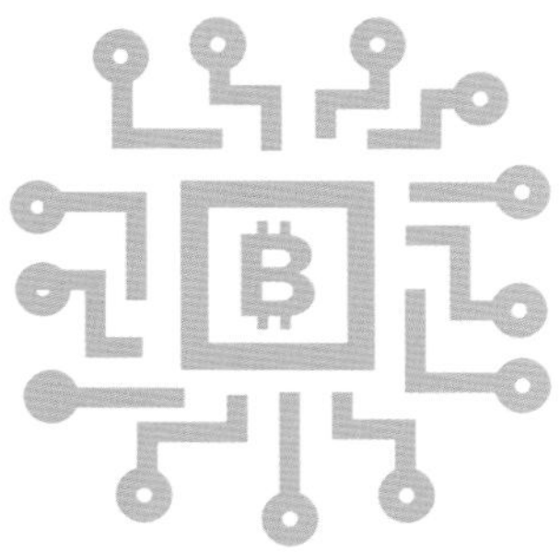

블록체인의 개념과 특징

개념

블록체인은 '블록Block'으로 구성된 '체인Chain'을 의미한다. 또한 블록체인은 '분산원Distributed Ledger'이라 부른다. 새로운 비스니스 거래와 계약에 대한 기록 체계를 '원장'이라고 하는데, 이러한 원장이 중앙 집중적인 한 기관이 독점적으로 보유하는 것이 아니라, 중앙 서버 없이 모든 참여자는 모든 거래정보를 똑같이 분산해서 저장한다. 그러기 때문에 '분산원장기록' 하는 것들이 블록체인에 있어서 중요한 개념이다.

블록체인의 특징

특징

블록체인의 가장 큰 특징은 신뢰성 보장, 투명한 정보공유, 거래비용 감소, 위·변조 불가능을 통하여 사용자 간의 신뢰를 요구하고 데이터자료 등에 의존도를 낮추고 거래에 수반되는 시간과 비용을 절감하여 다양한 형태의 거래관계를 위·변조 불가한 방식으로 정보를 저장한다는 점의 특징이다.

블록체인의 형성 과정

블록체인이 형성되는 과정은 다음과 같다. 첫 번째 단계는 이중지불의 위험이 없는 거래 정보나 기록을 모아 유효한 개별 블록정보을 형성하는 '채굴Mining'이라는 과정이다. 이 과정에서 일정한 해시Hash 알고리즘을 통해 특정한 난이도의 해시 값을 생성해 낸다. 채굴을 통해 '목표 값'을 먼저 찾아내는 사람은 블록생성 권한을 획득하게 된다. 두 번째는 생성된 후로 블록이 전체 네트워크 참여자들에게 전달되어 51% 이상 참여자들의 동의를 거쳐 유효성이 확인되면 후보 블록은 이전 블록과 체인으로 연결되어 '블록체인 원장'을 완성하게 된다.

블록의 의미

블록체인Block Chain의 블록Block이란 무엇일까?

블록체인은 분산시스템이 무결성을 확보하게 해주는 도구다. 따라서 구현계층의 비기능적 측면을 성취하게 해주는 도구로 볼 수 있다.

이로써, 일종의 데이터 패킷으로 몇 가지 정보를 담고 있는데 각각의 블록은 바로 전 블록의 해시Hash 값을 담고 있으며, 이렇게 이어진 블록들은 이체 내역을 저장하고 있는 하나의 블록체인을 형성한다.

출처 : 이용갑, 비트코인 경제학, 2017. 12

우리나라에서는 산업별로 구분하여 분류하고 있다. 블록체인기술 산업의 세부 분류체계에 포함하는 작업을 잠정적으로 작성하고 있다. 우리나라의 산업분류 체계 분류표가 다음과 같다.

KSIC 중분류별 "블록체인기술산업" 세부 분류체계

분류코드	분류명칭
581	소프트웨어 개발 및 공급업
58211-1	블록체인 기반 유선 온라인 게임 소프트웨어 개발 공급업
58212-1	블록체인 기반 모바일 게임 소프트웨어 개발 및 공급업
58221-1	블록체인 기반 시스템 소프트웨어 개발 및 공급업
58222-1	블록체인 기반 응용 소프트웨어 개발 및 공급업
620	컴퓨터 프로그래밍, 시스템 통합 및 관리업
62010-1	블록체인 기반 컴퓨터 프로그래밍 서비스업
62021-1	블록체인 기반 컴퓨터 시스템 통합 자문 및 구축 서비스업
62090-1	블록체인 기술 관련 기타 정보기술 및 컴퓨터 운영 서비스업
63	정보서비스업
63112-1	블록체인 기술 관련 호스팅 서비스업
63999-1	블록체인 기반 암호화 자산 매매 및 중개업
63999-2	블록체인 기술 관련 기타 정보서비스업

출처 : 통계청(2018. 7)

CHAPTER 01

블록체인은 제2의 인터넷

블록체인은 제2의 인터넷 시대로 불가역적인 새로운 컴퓨터 시대가 올 것이다. 정치 · 경제 · 문화 · 복지사회 모든 새로운 분야에서 정부 · 공공기관 및 기업이나 개인들의 새로운 기술개발 움직임에 있어 학계, 기업, 경제학자들로 이루어진 새로운 커뮤니티가 암호화폐의 기반인 블록체인 기술의 제4차 산업시대 최고의 산업에 적용하려고 노력하고 있다.

블록체인은 네트워크를 활용해 거래 내역을 사용자들의 컴퓨터에 저장되며, 블록체인의 핵심기술을 기반으로 10분마다 사용자들의 거래 장부를 조건에 맞는 데이터와 일치하는 거래 내역만 정상 거래 장부로 과반수가 인정하는 방식으로 익명성 · 보안성 · 안정성 · 편리성 · 희귀성을 장점으로 보고 있다.

블록체인의 제2의 인터넷

블록체인은 개인과 개인이 직접 연결되는 P2PPeer to Peer 네트워크를 활용한 분산데이터베이스의 하나로 암호화폐 거래 내역을 기록하는 장부다. 그 중 과반수 이상의 데이터와 일치하는 거래 내역만 정상 장부로 인정하는 방식으로 보안성, 안정성을 중요시한다.

분산 데이터베이스란 데이터를 물리적으로 분산시켜 다수의 이용자가 대규모의 데이터베이스를 공유하게 만드는 기술이다. 비트코인의 경우 10분 정도마다 사용자들의 거래 장부를 검사해 해당 시간 내의 거래 내역을 한 블록으로 묶는다. 새로운 거래 내역을 담은 블록이 만들어지면 앞의 블록 뒤에 덧붙이는 과정이 반복된다. 이때의 블록체인Block chain은 거래자의 이름과 거래 내역을 연결Chain했다는 뜻이다.

거래 사용자는 블록체인 사본을 가지고 있으며 사용자 과반수 이상의 데이터와 일치하는 거래 내역만 인정하며 자동적으로 묶어진 블록만의 영구 보관하는 영구성이 있다.

블록체인 방식은 거래 내역을 중앙서버에 저장하는 일반적인 금융기관과는 달리, 비트코인을 사용하는 모든 사람은 컴퓨터에 입력되며 모든 거래 장부내역의 공개함으로서 사용자가 사

국가별 블록체인과 암호화폐

본을 가지고 있으므로 위조를 방지할 수 있다. 특히 블록체인은 신용이 필요한 금융거래 등의 서비스로 중앙통제시스템에서 벗어난탈중앙통제 개인 간의 거래가 가능한 시스템이다. 향후 대표적인 핀테크FinTech기술로 비트코인 이외의 다른 온라인 금융거래에 활용될 가능성도 매우 높을 것으로 본다.

블록체인의 다양성

블록체인은 정치 · 경제 · 문화 · 복지사회 모든 새로운 분야에서 정부 · 공공기관 및 기업이나 개인들의 새로운 기술개발 움직임에 있다. 이로써 학계, 기업, 경제학자들로 이루어진 새로운 커뮤니티가 암호화폐의 기반인 블록체인 기술의 제4차 산업시대 최고의 산업에 적용하려고 노력하고 있다. 미래에 적용될 기술은 지금보다 더 다양하고 강력한 영향력을 행사할 것으로 본다. 이러한 노력이 다양한 산업 기술개발을 활용한 인간의 궁극적인 가치와 혜택의 욕구를 달성하고자 하는데 있을 것이다.

인간의 욕구 중 사회가치에 해당하는 삶의 질의 향상을 두고 그 의미를 부여한다. 인간의 삶을 스스로 결정하고 사회와 경제에 주체적으로 참여할 수 있는 것도 중요하다고 본다. 이에 블록체인은 보안성과 투명성에 근간으로 신뢰와 익명성을 보장된 기록된 내용들이 분산 처리하는 기술에 있다.

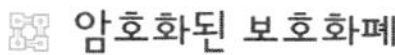

암호화된 보호화폐

블록체인의 금융시장의 위협

글로벌 경제에서 블록체인 기술이 전통적인 금융시장과 서비스에 위협을 줄 것이다. 앞으로 금융 산업은 변화와 파괴, 혁명이 이루어질 것이다.

이에 금융 산업의 민주화 자본시장의 자유화, 자산이 자유로운 이동 등 금융 산업 및 사회 전반에 경쟁과 혁신을 가져올 수 밖에 없다. 좋든 실든 이것이 부정할 수 없는 현실이다.

인터넷은 우리의 통신서비스가 기하급수적으로 증가시켰다. 암호화폐는 다른 사람들과의 거래 빈도를 기하급수적으로 증가시킬 것이다 라고 주장하는 학자들도 있다. 반면, 라스트코인에서는 암호화폐가 물리적인 실체가 없이 디지털 장부에 기록된 숫자에 불과하다. 본질적으로 0과 1로 이루어진 일련이 코드라고 주장하는 학자와 세계적인 투자자들도 비트코인과 같은 암호화폐에 투자하는 것이 상당히 무서운 시장에 진입하는 것이라고 표현을 하기도 한다.

출처 : 함정수 · 송준의. 라스트코인. 2018. 7

PART 1

블록체인과 4차 산업혁명

블록체인의 다양성

금융산업의 민주화

자산의 자유로운 이동

자본주의 시장의 자유화

GAFA시장의 변화와 혁신

블록체인의 시장

세계는 인터넷 시대를 거쳐 블록체인의 시대가 접어들면서 많은 투자자들이 관심을 가지고 있다. 글로벌 최대 규모의 상장지수펀드ETF; Exchange Traded Funds 운용사인 블랙록가 블록체인 시장에 진입했다. 블랙록에 따르면 회사에 블록체인에 대한 연구진을 꾸려 암호화폐 시장의 생태계에 대한 연구와 투자를 분석하고 있다고 한다. 이 연구팀에는 이미 유명한 투자 전문가들도 참여하여 그 전문성을 더해주고 있다고 한다. 블랙록에서는 암호화폐 시장이 성숙해감에 따라 미래의 암호화폐 시장의 가능성이 지금보다 더욱 더 커질 것으로 예견하고 있다.

다만, 현재는 블록체인 기술 등이 세계에 보급되고 있는 초기 시장이라고 보이기에 많은 위험성이 내포되어 있다고 제언을 하고 있다. 이 같은 리스크를 각오하여 사람들만이 투자자로서 접근을 해야 한다고 조심스럽게 말하기도 한다. 블록체인 기술은 이미 물류와 통신 의약품 금융서비스 등 여러 가지 업계의 다양한 활용 가능성을 제시하고 있다.

실제로 중국에서도 이를 이용한 다양한 방식의 기술을 채택하여 연구하고 적용시키려 노력하고 있는 중이다. 하지만 암호화 기술과 블록체인 기술적인 부분에 대한 투자와 연구 그리고 이해가 필요한 부분을 너무 과장된 거품으로 그 가치를 파악하려고 하면 위험할 수도 있다는 전언이다.

이와는 별개로 암호화폐 시장은 스스로 진화하는 측면의 모습을 보여주기도 하기에 관련 연구진들의 노력이 더해지면 미래에 적용될 기술은 지금보다 다양하고 더 강력한 영향력을 행사할 것으로 본다.

이미 세계적인 기업들도 투자자들은 암호화폐 시장에 대한 메리트를 일찍이 내다보고 직접 투자보다 연구개발에 발을 내딛고 있는 현실에 있다. 과연 블록체인 기술이 불러올 미래의 변화가 어디까지 발전할지 궁금해지는 대목이다.

이와 같은 변동성에 대한 위험성도 고려하여 파악하는 것이 중요하다고 한다. 투자자들이 암호화폐와 블록체인 기술의 세부적인 부분까지는 알 수 없다. 하지만 그 가능성과 미래에 적용될 모습을 상상하여 투자를 하는 것이 가능하다. 이를 반증하듯 세계적인 투자자들도 비트코인과 같은 암호화폐에 투자하는 것이 상당히 무서운 시장에 진입하는 것이라고 표현을 했다.

출처: http://torrentbogo.com

금융 산업의 민주화와 자본의 자유화

블록체인은 은행거래를 자유화시키고 금융업계에 경쟁과 혁신을 불어넣을 것이다. 지금까지는 경영상 수치 타당성이 없거나 리스크가 높다는 이유로 금융 서비스에서 불편함을 느껴도 이용하고 있다. 하지만 블록체인 시대가 되면 누구나 온라인으로 쇼핑하거나 돈을 빌리거나 상품을 구매하는 행위를 할 것이다.

기존의 금융기관도 블록체인의 기반으로 금융 산업의 민주화와 자본 자유화로 은행, 증권거래소, 보험회사, 회계사무소, 신용카드사 등 모든 업무가 변화를 가져올 것이다.

공유경제

빈집이나 빈방을 빌려주고 빌릴 수 있는 온라인 망인 에어비앤비나Airbnb, 필요할 때 차를 수배할 수 있는 우버Uber 등을 가리켜 '공유경제'라고 한다. 하지만 그런 서비스는 진정한 의미에서 '공유'라 볼 수 없다. 정보를 집약시켜 성립되는 비즈니스이기 때문이다. 실제 그들은 '공유하지 않는 것'을 활용해 수익사업을 통해 수익을 얻고 있다.

예를 들어 우버는 운전자 정보를 모음으로써 수백억 달러 규모의 회사로 성장했다. 정보를 제공공유하여 수수료를 받고 있으므로 그 정도의 성장을 이룬 것이다. 5%이하는 정보 가치의 개인 소유이며, 10%는 일반가치이고. 나머지 85%는 유동적 액체 사회의 일상적 소식이다.

사람이 풍요롭게 살기 위해 최소한으로 필요한 것은 몇 가지 있다. 재산을 안전하게 보관 및 이동할 수 있는 기본적인 금융 서비스에 대한 접근, 경제 활동에 참여하기 위한 통신수단이나 토지나 재산의 소유권이 정당하게 지켜지는 제도 등이다. 이 모든 것들이 블록체인으로 실현할 수 있다.

여기에서 소개하는 몇 가지 스토리는 누구나 풍요롭게 살 수 있는 미래를 보여줄 것이다. 개인의 프라이버시가 안전하게 지켜지고 데이터가 누군가 이것이 아니라 자기 자신의 것이 되는 세계가 다가오고 있다. 대기업이 기술을 독점하지 않고 누구나 기술의 발전에 참여할 수 있는 열린 세계, 그리고 글로벌한 경제로부터 배제되는 사람 없이 어디에 있어도 부의 축복을 받을 수 있는 우리의 세계가 오고 있다.

이런 방법의 서비스가 가능해진 것은 스마트폰이나 GPS, 결제시스템 등의 기술적인 조건이 갖춰졌기 때문이다. 하지만 아직 완성형은 아니다. 블록체인 기술기반으로 공유경제 업계를 지금보다 획기적인 서비스 기능을 탑재된 "공유경제"의 플랫폼이 활성화 될 것이다.

에어비앤비Airbnb

에어비앤비Airbnb는 고객의 니즈에 맞는 시설을 온라인으로 연결해주는 서비스 앱이다. 에어비앤비는 '에어베드 앤드 브렉퍼스트Air Bed and Breakfast'의 약자로 공기를 불어넣어 언제든 쓸 수 있는 공기 침대air bed와 아침식사breakfast를 제공한다는 의미를 담고 있다. 홈페이지에 집주인이 임대할 시설을 올려놓으면 고객이 이를 보고 원하는 조건에 예약하는 방식으로 거래가 이루어진다. 집주인에게는 숙박비의 3%내외 수수료로 부과하고, 여행객에게는 6~12%의 소개 수수료를 받는다. 에어비앤비는 평판 시스템을 활용해 투숙 고객이나 집주인 모두 자신들의 사회적 관계와 명성을 유지해야만 에어비앤비를 이용할 수 있도록 한다.

에어비앤비Airbnb는 2008년 8월 브라이언 체스키, 조 게비아, 네이선 블레차르지크 등 3명에 의해 공동 창업했다.

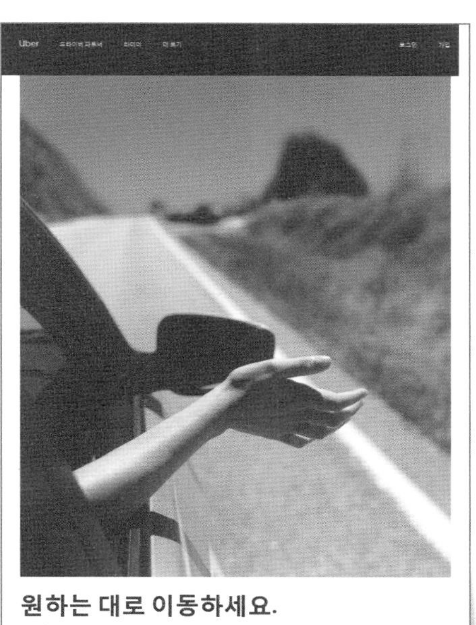

Uber
원하는 대로 이동하세요.
드라이버 파트너

출처 : https://www.uber.com/ko/kr/

이것은 각 멤버에 의해 주체적으로 운영된다. 시설물을 빌리고 싶은 사람이 검색조건을 입력하면 블록체인 상의 데이터에서 그것에 맞는 것이 추출된다. 거래가 잘 되어 높은 평가를 얻으면 그것이 블록체인에 기록되어 평판이 올라간다. 누군가에게 중개 받지 않아도 데이터가 그것을 알려준다.

이더리움 창설자인 비탈릭 부테린Smart Contract은 다음과 같이 말하고 있다. “대부분의 기술은 말단의 일을 자동화하고자 하지만 블록체인은 중앙의 일을 자동화한다.”

GAFA 시장의 변화와 혁신

GAFAGoogle Amazon Facebook Apple통신사의 정보는 정보사회 핵심자원이다.

사물보다 사람이 생성하고 있거나 생성할 수 있는 정보의 가치가 월등히 높다.

우리의 일상을 지배하고 있는 GAFAGoogle, Amazon, Facebook,

Apple. 우리가 생각하고구글, 느끼고 사랑하며페이스북, 소비하고아마존, 본능에 따르는애플 그리고 삶알리바바 등은 우리의 일상생활에 깊숙이 침투되었음을 알 수 있다. 여기에 편리함을 얻는 대신 우리의 사생활에 중요한 신상 데이터를 내주고 있다. 은행권을 위협하는 빅데이터로는 구글10억명의 세계 검색어가 87% 차지하고 있는 것을 보면 알 수 있다. 그리고 아마존3억명이 세계 전자책 판매의 75%이고, 미국이 30% 차지하고 있다. 페이스북 네트워크10억명가 75%를 차지하고, 애플8억명이 구글 안드로이드와 애플Apple이 75% 차지하고 있다.

구글Google

1996년 1월 스탠퍼드 대학의 박사과정 대학원생이었던 래리 페이지가 연구 프로젝트로서 구글 시작으로 '구글'이라는 명칭은 '구골'이라는 단어의 철자를 잘못 쓴 것이다.

회사로서의 구글에 대한 최초의 펀딩은 앤디 벡톨샤임이 하였다. 1998년 8월 하순, 스탠퍼드 대학의 박사 과정 학생이었던 래리 페이지와 세르게이 브린은 쇼프트개발을 고민 끝에 투자를 스탠퍼드 대학 교수인 데이비드 채리턴David Cheriton의 소개로 선 마이크로시스템즈의 공동 창업자 중 한 사람이었던 앤디 벡톨샤임을 만나게 되면서, 10만 달러의 투자를 얻어 낼 수 있었다.

아마존Amazon

아마존 그룹 설립자는 제프 베조스이다. 1964년 미국 남서부에 있는 뉴멕시코New Mexico 앨버쿼키Albuquerque에서 태어났다.

1995년 제프 베조스Jeff Bezos, Jeffrey Preston Bezos가 시애틀Seattle에서 인터넷Internet 서점으로 처음 설립으로 음반, 장난감, 패션 등으로 카테고리를 확장하여 지금은 30여 개 이상의 상품 카테고리의 상품을 다루고 있는 세계 최대의 온라인 커머스 업체이다. 또 자사의 PB 상품군도 100개 이상 가지고 있다.

연관 브랜드로는 도서, 의류, 신발, 보석, 식품 등 다양한 품목을 판매하는 미국의 온라인Online 커머스Commerce 회사다. 현재는 미국 이외에도 브라질Brazil, 캐나다Canada, 영국, 독일, 오스트리아Austria, 프랑스France, 중국, 일본, 인도, 이탈리아Italy, 멕시코

Mexico, 스페인Spain 등 13개 국에서 아마존 웹사이트Web Site를 운영하고 있으나 한국에는 아직 지정 판매사가 없다.

출처 : 네이버 지식백과]. 아마존 [Amazon] (세계 브랜드 백과, 인터브랜드)

페이스북Facebook

2003년 10월 28일 하버드대학교의 학생이었던 마크 저커버그Mark Zuckerburg가 페이스매시Facemash라는 이름으로 학내에서 장난삼아 출발로 시작되었다. 페이스북Facebook은 현재 10억 명의 이용자가 가입한 세계 최대의 소셜네트워크서비스다. 10억 명이 넘는 이용자가 가입한 세계 규모의 사이트로 자부심을 갖고 있으며 최근에는 스마트폰의 보급으로 이용자 가운데 절반 이상이 모바일 기기로도 페이스북을 이용하나 이용자의 실제 정체성을 보여 주는 각종 정보와 그들의 활동을 공개하도록 유도했고, 이용자들의 상호작용을 촉진하는 각종 기능을 제공해 왔다. 2010년 3월에 시작된 "좋아요Like" 버튼은 페이스북이 도입해 성공한 대표적인 소셜플러그인이다.

애플Apple

애플은 스티브 잡스, 스티브 워즈니악, 로널드 웨인에 의해 1976년 4월 1일에 창립되었다. 이들은 고교시절부터 친구 사이였고 모두 전자 계통에 심취해 대학을 중퇴했다. 흔히 애플의 시작은 잡스의 집 창고에서 시작했다고 알려져 있는데, 이는 잘못된 사실이다. 처음에는 워즈니악과 잡스 각각 각자의 집에서 일했으며, 컴퓨터의 최종 조립만 잡스의 집 차고에서 했다. 스티브 워즈니악,스티븐 잡스는 틈틈이 컴퓨터를 설계했으며, 1976년에 애플이 되는 컴퓨터를 디자인했다. 잡스는 이 컴퓨터를 판매하기 위하여 워즈니악을 설득하여 1976년 4월 1일에 애플컴퓨터를 설립했으며, 1979년 1월 3일에는 주식시장에 상장되었다.

출처 : 네이버, 페이스북 (정보자본, 2013. 2. 25, 커뮤니케이션북스)

블록체인 기술은 어디까지 쓰이나?

블록체인 기술 = 탈중앙화되고 투명한 분산원장기술 = 암호화폐의 기반기술

분 야	적용내용
금융·은행산업	낮은 수수료 및 제3세계 빈곤층도 사용할 수 있는 금융시스템
보 안	암호화과정을 통해 해킹되지 않고 변경할 수 없는 시스템
물 류	노동력, 시간, 폐기물 등 물류과정에 대한 투명한 분산원장 시스템
분석, 예측시장	스포츠, 주식, 선거까지 모든 분야를 예측하고 내용기반 시장 창출
IoT	IoT기기 간의 탈중앙화 네트워크 구축
보 험	상호신뢰 기반 데이터 관리
운송 및 차량	탈중앙화된 P2P차량공유 시스템과 차량인식시스템
클라우드 스토리지	해킹에 안전하고 데이터 손실 위험이 없는 클라우드 서비스 제공
기 부	기부금 추적과 사용처 확인
투 표	변경할 수 없고 누구나 볼 수 있는 선거 시스템
정부 행정시스템	보안과 효율성, 투명성 확보 시스템
공공복지	실업급여나 의료보험 등 시스템의 효과를 특정하고 효율적 수급
의료와 헬스케어	인증받은 의사나 환자만이 진료기록 등 민감한 정보를 담고 공유
에너지	사용자와 생산자들이 직접 전력을 사고 팔 수 있는 시스템
온라인 음악과 예술	사용자가 예술가에게 직접 음원수익이나 작품비를 지불
소매업	구매자와 소비자가 중개인과 수수료없이 거래
부동산	부동산의 거래기록 추적과 소유권, 문서진위여부 파악
크라우드 펀딩	제품이나 서비스로 교환될 수 있는 토큰을 만들어 판매

블록체인의 활용서비스

블록체인 핵심 기술 개발로 혁신적이고 다양한 제품과 서비스를 이용한 인공지능기술과 정보통신기술이 무인 운송수단, 생체인식 로봇공학, 나노기술 등 여러 분야의 혁신적인 기술들과 융합함으로써 더 넓은 범위에 더 빠른 속도로 새로운 변화를 불러오면서 활용 영역 및 서비스가 확대되고 있다.

정부예산

정부가 블록체인 예산을 따로 진행하면서 우리나라에서도 비금융권 블록체인 사업에 긍정적으로 추진 시발점이 될 것으로 본다. 우리나라는 그간 은행연합회를 중심으로 한 금융권 블록체인 사업 움직임을 보일 정도였으며 상대적으로 활동이 미미한 상태에 있다. 2018년 4월 18일 국회 주최 '블록체인 육성 정책 토

론회'를 통하여 정부는 민간수요를 블록체인 사업에 반영해 시장에 밀착한 과제를 만들 계획이라고 하였다.

세계 금융 산업은 지난해 블록체인 기술개발에 총 17억 달러를 예산으로 소진하였다. 또 금융 기관들은 지난해 블록체인 기술 관련 예산을 평균 67% 증액한 것으로 나타났다.

미국에 기반을 둔 시장 정보회사 그리니치 어소시에이트Greenwich Associates가 2018년 6월 12일에 발행한 연구 보고서에 따르면 대체로 예산 증가세가 뚜렷한 가운데 지난해 블록체인 연구와 관련 상품 개발에 배정한 예산을 1,000만 달러 이상 늘린 은행 기관도 조사 대상의 10%나 되었다고 말하고 있다. 또한, 전체 조사 기관의 14%는 이미 블록체인 기반 솔루션을 배포했다. 그리니치 어소시에이트는 또 금융 기관들이 수행하고 있는 프로젝트의 75% 이상은 앞으로 2년 안에 개념 증명 단계Proof-of-Concepts에서 실제 생산으로의 전환이 기대된다고 예측하고 있다.

블록체인은 위·변조가 불가능한 분산화된 공개 거래장부 기술이라고 하고 있다. 정보를 담은 블록을 네트워크에 연결된 P2P에게 공유하여 분산해 저장되며, 거래에 참여하는 P2P들은 거래 내역을 확인하는 절차에 있다. 거래 시 이를 대조하는 과정을 거치기 때문에 데이터 위·변조가 불가능하다. 암호화폐 기반 기술로 널리 알려졌지만 향후 공공서비스와 의료, 과학 등 다양한 산업군에서 활용 가능성이 크다. 미국과 영국, 호주, 온두라스 등은 블록체인을 공공서비스·의료분야에 활용하는 실증 실험을 정부 차원에서 실행하기도 했다.

우리나라 정부는 과기정보통신부를 통해 2018년도 블록체인 기술개발과 시범사업에 총 142억 예산을 투입한다고 밝혔다.

블록체인은 모든 참여자의 동의 없이는 정보 및 거래 내역을 수정할 수가 없다. 신분증 등 서류 위·변조나 조작 그리고 해킹이 거의 불가능하다는 얘기이다. 블록체인은 안전성·투명성·신뢰성을 바탕으로 한, 장점으로 금융권, 물류 등 민간 부문뿐 아니라 정부·공공기관 등 공공 부문에서도 블록체인 기술 도입에 대한 관심이 높아지고 있다. 세계경제포럼WEF은 2025년에 국민총생산 중 10%가 블록체인에 저장될 것으로 예측한 바 있다.

특히 심화되는 양극화와 2018년 글로벌 최대 화두 중 하나가 평등 속에 '불평등'임을 감안할 때 블록체인 기술의 신속한 도입으로 복지 행정과 지역산업 등의 전달 체계에 효율성을 높일 필요가 있다. 올해 우리나라 보건·복지·고용창출 등 사회안전

비용 예산의 상대적으로 비중이 크게 늘어나고 있다. 늘어난 예산을 누수 없이 꼭 필요한 계층에 전달하는 것 역시 매우 중요한 복지의 과정이다. 2016년에 자료에 의하면 건강의료보험 예산에 허위·부당 청구로 누수가 발생한 것을 알 수 있다. 사기 의료보험 청구자들의 부정행위 형태가 신분증 등 서류 위·변조를 통한 부당한 수령, 사기, 단순 실수 등 때문에 발생하는 리스크는 블록체인 기술을 적용하면 방지할 수 있다.

중동 걸프협력회의 6개국 에스토니아, 싱가포르와 다수의 지방 정부가 복지뿐 아니라 행정서비스 전반에 그리고 부동산 등 모든 거래에 효율성과 투명성을 제고하기 위해 블록체인기능술을 속속 도입하는 추세이다.

출처 : © 매일경제 & mk.co.kr〈매경춘추〉블록체인과 행정 효율화 중(2018. 01. 05)

투표서비스

우리나라에서도 블록체인을 활용한 전자투표 시스템은 최근 정부가 추진, 시범사업에 일환으로 선거관리위원회는 전자투표에 블록체인 기술을 적용하는 과제를 추진한 바 있다. 온라인 전자투표의 활용 영역이 정당 경선, 대학총장선거 등 공공성이 높은 영역으로 확장되자 블록체인 기술을 전자투표에 적용해 투표 과정과 결과에 대한 신뢰성, 신속성을 확보하기 위해 온라인 전자투표 활용을 확산하겠다는 방침이다.

따라서 지난해에는 지자체가 나서서 블록체인 기반 전자투표가 시범 운영된 바 있다. 경기도는 '따복 공동체 주민제안 공모사업 심사'에 블록체인 기술을 활용해 온라인 투표를 시범 진행했다. 따뜻하고 복되게따복 공동체는 '따뜻하고 복된 공동체'를 뜻하며 주민의 자발적 참여를 통해 지역 내 관계망을 활성화해 사회적 경제를 실현시키고자 하는 사업이다.

유럽 국가에서는 한층 더 활발하다. 그 중 1990년대 초부터 전자 정부를 추진해 온 에스토니아는 전자투표 시스템을 가장 성공적으로 활용하고 있는 국가다. 세계 최초로 전 국민 전자 ID 시스템과 전자투표 시스템을 도입해 ID 카드를 보유한 시민들은 블록체인을 활용한 전자투표를 시행하기도 하였다.

기존 투표 방식은 신뢰할 수 있는 중앙관리 기관이 투표의 모든 프로세스를 관리해야 투표 결과에 대한 신뢰도와 신속성을 얻어 왔다. 온라인 투표 시스템은 기술적인 보안성과 안정성이 완벽하게 구현되었을 때 가능한 시스템이다.

블록체인 기술을 온라인 투표 시스템에 적용한다면 투표 항목, 참여자, 후보자, 시간, 비용, 홍보 등 투표 업무에 필요한 일체의 요소들과 복잡한 투표 프로세스를 블록체인에 등록하여 자동화 처리를 할 수 있으므로 시간과 장소에 구애 없이 자유스럽고 신뢰도 높은 온라인 투표를 할 수 있게 되는 것이다.

한국인터넷정보학회에서 발표한 블록체인 방식을 활용한 온라인 투표시스템을 보면 기존 투표 모델과 블록체인을 통한 투표 모델을 그림과 같이 설명하고 있다.

본 연구 자료에 따르면 블록체인 신뢰성을 가장 중요시하는 금융거래에서 사용될 수 있을 수 있는 정도의 신뢰성을 갖추고 있음이 증명되고 있는 바탕으로 블록체인은 공정성과 투명성, 신속성, 확실성은 물론 중간자가 존재하지 않더라도 높은 신뢰성을 가지고 있다. 이러한 이점을 선거에 적용시켜 직접민주주의 요소를 강화시킨 형태로 제시된 것이 '블록체인 온라인 투표시스템'이다. 블록체인을 활용해 투표권한 부여나 투표 집계 등에 응용함으로써 업무를 더 효율화 할 수 있다는 장점이 나타나고 있다.

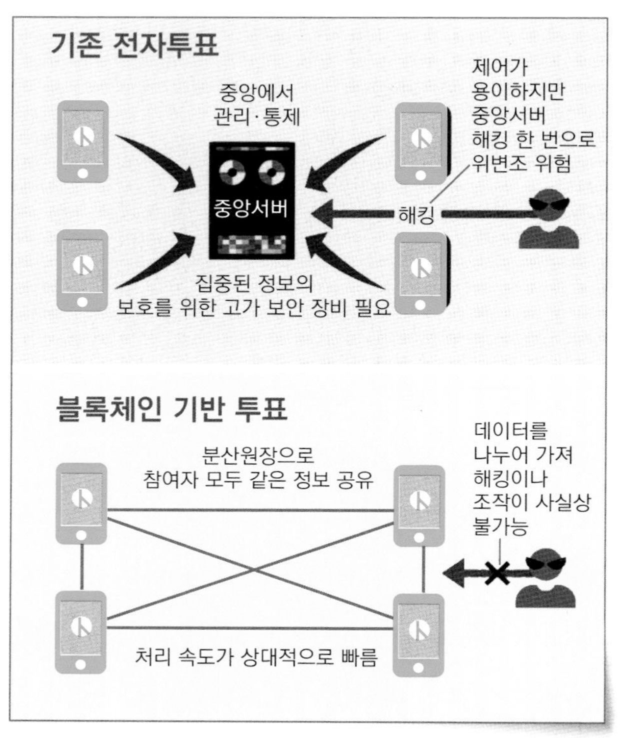

출처 : 한국일보(httos://news.naver.com/main/read.nhn?mode=LSD&mic=sec&sid1=100&oid=469&aid=0000318312)

교육서비스

블록체인의 기반으로 창의적인 교육프로그램을 개발된다면 오늘날 교육모델에서 벗어나 온라인 교육, VR교육, 인공지능 교육 등 다양한 분야에서 기존의 영상교육수준을 넘어 혁신적 교육프로그램을 기대할 수 있다.

오늘날 환경은 시간, 속도, 공간의 차원을 넘어 변화되는 환경과 문화, 전통에 반해 학교 교육은 역행하고 있다고 지적하고 있다. 제3차 디지털 시대에 들어서서 인터넷 활용한 산업들이 상당히 많은 변화가 이루어져 왔다. 온라인상에 무료로 지식을 제공하는 사이트, 네이버, 구글, 다음 사이트나 유튜브에서 외국어를 무료로 배울 수 있는 영상교육 등 이러한 온라인 교육을 바탕으로 외국어 교육 분야에 블록체인의 기술개발에 힘입어 외국의 누군가에게 자신의 모국어를 1대 1로 가르쳐 주고, 암호화폐로 보상 받는다면 굉장히 유용하고 접근이 좋은 교육시스템으로 혁신을 불러 올 것이다.

또한 가상현실VR : Virtual Reality 기술도 하루가 다르게 발전을 가져오고 있다. 최근 서울에는 VR 게임장 등이 오픈하고 있으며, 앞으로는 교육 분야에 있어서도 VR 기술을 기반으로 한 교육프로그램들이 많아질 것으로 보며 군사교육, 재난안전, 비행기나 중장비 조종 등 실제로 체험하기 어렵거나, 위험성 있는 교육형이 가상현실을 통해 실제감을 느낄 수 있는 교육들이 많이 실행될 것으로 보고 있다.

그리고 인공지능을 접목하여 개인화된 맞춤 교육을 실시하는 국내 서비스에 대한 기사와 영국에서 인기리에 반영된 드라마 "HUMANS휴먼스"에서는 인공지능이 탑재된 가정부 로봇이 엄마보다 더 인내심 있고 차분하게 동화책을 읽어 주어 아이가 엄마보다는 가정부 로봇이 동화책을 읽어 주는 것이 더 좋다고 말하는 장면이 나온다. 이 드라마는 실제 사람보다 더 뛰어난 기능을 가진 인공지능과 로봇으로 인간이 가정에서 갖는 역할과 지위를 대체하게 되는 충격적인 미래를 보여준다.

이제 본격적인 제4차 산업시대의 블록체인이 가져다 줄 혁신과 변화는 교육분야 서비스 산업에도 다양한 양상으로 나타날 것이다.

의료서비스

휴먼스케이프Humanscape는 환자 개인의 건강 데이터를 모아 신약 개발이나 임상 참여의 기회를 높일 수 있는 블록체인 기반의 커뮤니티이다. 국내 의료시장에서 병·의원 대상의 사후관리 솔루션을 개발·운영하고 있으며, 블록체인 기반의 환자 커뮤니티 구축 프로젝트를 위한 시드 투자 유치를 마무리하고 본격적인 개발에 착수하고 있다.

현재까지 건강 정보에 대한 교류는 주로 온라인 포털사이트에서 제공하는 문답 서비스나 특정 질병에 특화된 온라인 커뮤니티 및 환우회환자모임을 칭함를 통해 이뤄져 왔다.

이에 휴먼스케이프는 보상체계 기반의 블록체인 커뮤니티 구축을 통해 커뮤니티 내 정보 생산의 주체인 환자와 의료 전문가들에게 각자의 지적 생산물에 대한 보상을 제공함으로써 건강 정보 수집을 양적·질적으로 극대화 할 수 있다.

개인맞춤형 헬스케어 서비스

건강과 로하스 시대에 접어들어서 스마트 헬스케어 산업은 다양화 속에 지식화 되고 있다. 디바이스에서 발생하는 데이터가 증가하면서 스마트 헬스케어는 전통적인 의료정보시스템과 최신 스마트 헬스케어 플랫폼이 상호 보완적으로 발전하는 단계에 발전하고 있다. 또한 개인 맞춤형 솔루션과 표준화 및 신뢰성 확보가 빅데이터 인공지능 기술을 활용하는 스마트화 시대에 있다.

스마트폰 앱 이외에 다양한 착용형 웨어러블 스마트기기가 개발되고 있는 가운데 캐나다에서는 직접 입을 수 있는 스마트의류 웨어러블 옴시그널 OMsignal은 심박센서체온, 심박수, 운동량, 칼로리 소모량을 모니터링 등가 부착된 스마트셔츠를 개발했다. 그리고 구글은 눈물의 혈당을 측정하는 스마트 렌즈를 개발했고, 국내에서는 한국전자통신연구원ETRI : Electronics and Telecommunications Research Institute이 심전도, 호흡, 운동량 등 생체 신호를 모니터링 하는 바이오셔츠를 개발했다. 반면 미국의 마이크로소프트MS는 HealthVault를 활용하여 개인맞춤형 헬스케어 서비스를 제공하여 환자 개개인의 정확한 진단과 치료 방법 연구결과를 제공하였다.

현금 없는 금융서비스

금융

금융 화폐는 가치의 척도, 교환의 매개, 그리고 가치의 저장이자 지불 수단이라는 개념을 갖는다. 현재까지는 국가와 같은 법적, 제도적 장치를 통해 신용도를 갖고 있다. 블록체인이 디지털 화폐에 적용된다고 하면, 온라인 커머스 사이트에서 물리적 상품을 구매하든, 영화나 음원과 같은 디지털 콘텐트를 구매하든, 주식 거래를 하는 것이 암호화폐로 거래를 하게 되고 기존 중개자에 대한 수수료는 사라질 수 있게 된다.

금융서비스 제공

암호화폐는 단순 결제뿐만 아니라 개인과 개인 간에 돈을 주고받는 일이 가능하다. 금융기관을 거치지 않아도 애플리케이션을 통해 본인이 월렛Waller: 암호화폐 지갑에서 상대방 월렛으로 직접 송금할 수 있는 간편성을 갖고 있다. 암호화폐 송금은 365일 24시간 가능하며 길어야 수십 분이면 송금이 완료되어 불편함이 없이 금융서비스를 제공하는 시대이다.

금융 비지니스에서 중요한 것은 거래 장부의 안전한 관리, 나아가 보안성, 익명성, 비용 효율성을 갖는 것이다. 이런 측면에서 보면, 블록체인은 외환 송금 서비스, 개인인증, 문서 보안 등 다양한 분야에서 기술을 제공하고 있다. 현재 국내에서도 금융 기관들이 이 블록체인 기술을 활용한 다양한 시도를 취하고 있다.

현금 없는 금융서비스는 블록체인의 기술이 발달에 있다. 암호화폐는 일본, 미국은 정부차원에서 법적화폐로 인정하고자 하는 움직임이 있는 반면 우리나라와 중국 등 일부 나라들은 아직 시기상조 입장을 내포하고 있다.

무인 네트워크 운송 서비스

무인 네트워크 운송 서비스 물류는 저온 유통체계이다. 냉동냉장에 의한 신선한 식료품의 유통방식이다. 수산물, 육류, 청과물 등의 신선한 식료품을 주산지로부터 가정의 부엌에까지 저온으로 유지하여 신선도를 떨어뜨리지 않고 가정에 송달하는 방법 및 유제품 등 콜드체인Cold Chain 시장에서 블록체인 기술기반으로 사물인터넷IoT과 연결하여 데이터의 투명성 확보에 기여할 수 있고, 전체 식품 유통 과정을 추적하기에 효율적으로 활용될 수 있다.

또한, 항만물류 시스템은 화물이 해상운송을 통해 화주로부터 고객에게 도착하기까지는 많은 단계를 거치고 이 과정에서 선하증권, 신용장, 화물인도지시서 등 다양한 서류들이 원본 형태로 국제 운편을 통해 전달되어야만 진행이 되고 있다. 또한 물류 정보가 디지털화 되어 있지 않아서 중간에서 파손이나 손실의 위험을 알기 어렵다. 그런데 이러한 중간 과정들이 사물인터넷IoT과 연결되어 디지털화 된다고 하면 이러한 정보를 블록체인과 연계하여 다양한 센서를 통한 물류 데이터와 디지털화된 물류 관련 서류들이 이해관계자들에게 공유가 가능하다. 그렇게 되면 불필요한 서류 송부나 시간 지연, 서류 관리 및 송부 비용 등에 대한 부분을 절감할 수 있다.

사물인터넷IoT : Internet of Things

사물인터넷IoT은 존재하는 사물 간에 서로 정보를 제공해 소통하는 것에 기초하며 물리적 또는 가상적으로 연결된 진보된 서비스를 가능하게 하는 자동센스기능이다.

여기에서는 재난·통신·물류·운송서비스의 한정된 사물인터넷 분야를 나열하고자 한다.

재난서비스

재난서비스는 자연재해 및 재난기후변화, 기상·기후·생태·해양관측, 산불·지진·해일·홍수 등, 환경오염 및 방역대기·쓰레기·물·토양·해양오염, 전염병, 가축역병 등, 산업 재해위험물, 위험시설·설비, 에너지, 통신, 교통 등 등이 포함한다.

이처럼 각종 재난 및 안전사고의 형태가 복잡화·다양화되고 예측하기 힘들어짐에 따라 과거와는 다른 형태의 관리 대책이 필요하게 된다. 즉 과거에는 복구 중심이었다면 최근에는 재난에 대한 예측, 모니터링 및 대응 형태로 진화하고 있다.

사물인터넷IoT은 이러한 재난 안전 영역에서도 점차 연구되고 있는데, 재난안전 사물인터넷은 자연재해나 재난, 기후변화 등을 관측하고 선제 대응까지 가능한 자동센스 기능이다.

사물인터넷 자동센스기능은 재난서비스에 연결Connectivity, 오픈 플랫폼 기반 융합Convergence 및 가치 있는 지식Intelligence을 제공하도록 구성된다.

통신 서비스

사물통신은 사람, 사물, 공간 그리고 시스템이 초연결되는 것으로 안전중심 재난안전관리 시스템을 가능하게 한다.

물류서비스

선박 통합 안전망 시스템은 사물인터넷을 기반으로 한 플랫폼, 네트워크, 디바이스 및 서비스로 구성된다. 다양한 센싱 디바이스와 네트워크를 통해 수집한 정보를 기초로 처리되는 선박 침몰 시뮬레이션 서비스를 통해 선박의 상태, 구조가능 시간 등의 결과를 실시간으로 제공하고 더 나아가 해상에서 운항되고 있는 선박들을 실시간으로 관리할 수 있다.

운송서비스

구조 선박의 긴급 출동과 사고 선박의 승객 상황 및 종합 재난 대책 등을 콘트롤타워와 실시간으로 처리하여 신속하고 안전한 대피 정보를 사용자인 승객에게 제공할 수 있다. 해상에서 구조를 기다리는 승객의 경우 해류의 실시간 위치를 파악할 수 있는 표류 네트워크 시스템 및 이와 연계된 구조 선박 및 구조 헬기 네트워크를 통해 침몰 위치뿐만 아니라 해류를 따라 떠내려간 승객의 현 위치를 가장 빠른 경로로 안내할 수 있다. 이러한 사물인터넷 기반의 해양안전관리 시스템은 실시간 정보 수집, 교환,

분배 및 통합을 통해 다양한 해양 지식화 서비스를 제공해 주는 해양 재난통합망 IoT 플랫폼에서 제공한다.

향후 사회시스템의 대규모화와 기후변화 등의 요인에 의해 점차 대형위기에 직면할 가능성도 증대되고 있다. 이러한 상황에 대비하기 위해서는 재난안전 IoT 기술을 활용하여 체계적이고 통합된 안전 및 재난 방지 시스템의 구축이 필요하다. 이를 위해서는 IoT 센서기술, 통신기술, 플랫폼 기술 등을 통한 서비스 창출과 수많은 관련 산업계의 기술 개발들에 대한 대응이 시스템적으로 이루어져야 한다. 또한 정부의 규제 및 정책적 지원도 필요하다.

자율주행 차량 등 인공지능 활용

자율주행차량이 보편화 되면 보안의 문제가 점점 더 커질 수 있다. 차량 데이터는 제조사, 운행 관리자, 서비스 센터 등 이해 당사자의 금전적 가치에까지 영향을 미친다. 블록체인 기술은 필요한 정보를 특정 서버에 보관하지 않고 P2P 기반으로 모든 사용자에게 저장한 뒤, 거래 때마다 블록 대조를 통해 위·변조를 검증하는 상호 감시형 시스템을 통해 기업이 요구하는 보안성을 충족시킨다.

보험관리 서비스

보험 상품도 이제는 공급자 주도가 아닌 소비자 중심의 시장이 형성될 것으로 전망된다. 워어러블 디바이스, 스마트 홈, 빅데이터 서비스, 자율주행 차량 등 사물인터넷 서비스를 통해 보험 계약자의 라이프스타일 패턴에 대한 데이터 수집이 가능해지고, 블록체인 기술을 활용하여 데이터의 안정성, 보호, 장기 자산구축 등을 높일 수 있다.

에너지 거래 플랫폼

마이크로 그리드는 전력망에 정보통신기술이 접목되어 발전량 조절 제어 및 발전, 소비량 예측 등이 가능한 새로운 개념의 효율적 전력운영 방식이다. 이를 위해서는 데이터의 신뢰성, 예측 정확성, 데이터 가시성 등의 요소가 갖춰져야 하는데, 블록체인은 전력 생산자와 전력 소비자를 연결시키는 거래 플랫폼의 기반 기술로서 활용이 가능하다.

부동산 시장

블록체인은 부동산 시장에서 큰 변화를 가져올 수 있다. 먼저 블록체인은 제3의 중개자 없이 거래자들 간의 직접 거래할 수 있다. 스마트 컨트렉트 플랫폼으로 매수자와 매도자 간의 부동산 계약 절차에 부속 행위인 계약서 작성, 토지대장, 건축물 대장등본을 포함해 실거래가신고필증, 인감증면서, 주민등록등본, 국민주택채권매입증명서 등 이전등기에 필요한 서류들의 블록체인 기반을 활용하면 스마트계약 및 인증절차를 거치면 안정되고 투명한 거래가 이루어진다.

출처 : 블록체인노믹스(오세현, 김종승 저, 한국경제신문, 2017)

재산권의 분산 데이터화

송금의 빠르고 환전의 저렴한 암호화폐시대

사물인터넷(Lot)

제2인터넷과 인공지능

4차혁명시대의 일자리 변화

현금 없는 금융 서비스

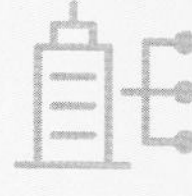

CHAPTER 02

블록체인의 적용과 활용

블록체인의 핵심은 무형의 소유권을 확실하게 거래한다는 것이다. 재산권을 지키는 것은 총이나 무기가 아니라 기술의 역할이다. 음성 기반 플랫폼을 이용하면 손을 이용하지 않고도 편리하게 기기를 관리하거나 제어할 수 있다. AI 스피커가 등장하는 이유다. 4차 산업혁명시대의 일자리는 변한다.

지능형 로봇Intelligent Robot의 3대 핵심기술은 일반적으로 로봇이 인간처럼 인식하고 판단할 수 있도록 하는 지능기술IT, BT, 뇌공학의 RT로봇기술를 기반으로 로봇의 행동을 제어하는 기구 제어기술 및 부품기술 등이 지능형 로봇의 핵심이다.

재산권 분산의 데이터화

분야별 업계의 새로운 영향력을 가진 회사도 나올 것이다. 하지만 그 형태는 20세기 조직이 아니라 플랫한 네트워크에 가까운 형태가 될 것이다. 그렇게 되면 부자보다 많은 사람에게 분배되기 쉬워진다. 블록체인을 이용한 스마트 계약의 보급에 의해 지금까지의 조직과는 완전히 다른 오픈네트워크형 기업이 주류가 될지도 모른다. 부패한 사람이 데이터를 바꿔버리면 그것으로 끝이다. '블록체인의 핵심'은 어떤 소유권을 확실하게 거래한다는 것이다. 돈도 사물도 아이디어도 좋다. 중요한 것은 그것에 관여되는 권리를 기록하여 소유권을 빼기지 않도록 하는 것이다."

재산권을 지키는 것은 총이나 무기가 아니라 기술의 역할이다. 데이터를 보면 소유자는 누가 보더라도 일목요연하다. 기록이 갑자기 사라지는 일도 없을 것이다. 블록체인의 등장으로 조금씩 새로운 움직임이 보이고 있다. 음악이나 비디오, 영화 창작에 관련된 업계는 큰 변화를 맞이하여 창작자는 작품의 대가를 충분히 받을 수 있게 될 것이다.

블록체인은 인큐베이터와 창업을 통하여 얻는 가치와 혜택은 참여자들의 삶의 풍요로움을 얻어내는 하나의 사회의 구성체라 볼 수 있다.

송금은 빠르고, 환전은 저렴

암호화폐에서 항상 언급되는 것이 송금의 편의성과 환전이 간편하다는 것이다.

개발도상국에 유입되는 자금에서 가장 많은 것이 정부의 원조도 아니고 투자자금도 아니다. 외국에 사는 노동자가 가족에게 보내는 개인송금이다.

송금이나 환전시장은 약 600조원이다. 하지만 국경을 넘어 돈을 보내는 것은 번거롭고 시간이 걸린다. 일일이 은행에 가서 많은 서류를 작성하고 게다가 5%에서 25% 평균 10% 내외가 되는 수수료를 내야 한다.

모바일 송금 서비스인 아브라사는 블록체인을 사용한 국제송금 네트워크를 개발했다. 은행 창구를 통하지 않고 스마트폰으로 간단히 현금을 보낼 수 있는 시스템이다. 지금까지 송금에 1주일이나 걸렸던 것이 10분 정도로 단축되고 수수료는 10% 이상 들었던 것이 1% 정도면 된다.

사물인터넷IoT

사물인터넷IoT: Internet of Things은 세상에 존재하는 유형 혹은 무형의 객체들이 다양한 방식으로 서로 연결되어 개별 객체들 간 제공하지 못했던 새로운 서비스를 제공하는 것을 말한다. 기존의 인터넷이 컴퓨터나 무선 인터넷이 가능했던 휴대전화들이 서로 연결되어 구성되었던 것과는 달리 사물인터넷은 일상생활용품·자동차·애완견 등 세상에 존재하는 모든 사물이 연결되어 서로 보완적인 상호 작용으로 구성된다.

사물인터넷 서비스가 확산될수록 보안과 개인정보 보호 이슈가 더욱 부각될 수 있다. 따라서 분산원장 기술로서의 블록체인은 사물인터넷의 보안성 강화에 기여할 수 있다. 근거리 통신의 보안성을 개선하기 위해 블록체인 기반의 '메시 네트워크'를 활용한다거나, 블록체인의 분산 방식으로 디바이스를 관리하는 것을 활용하여 디바이스 확산에도 핵심적인 역할이 가능하다.

사람·사물·장소·프로세스 등 유·무형의 사물들이 연결된 것을 의미하지만 이러한 사물들이 연결되어 새로운 서비스를 제공하는 것을 의미한다. 즉, 두 가지 이상의 사물들이 서로 공유함으로써 개별의 사물들이 제공하지 못했던 새로운 기능을 제공하는 것이다.

블록체인 기술을 사용하면 인터넷에 접속된 사물끼리 연결하고 가치건강, 에너지, 시간, 돈 등를 공감하여 수요와 공급에 기초한 생활에 여가와 유연함을 얻을 수 있게 된다.

사물과 인터넷으로 대화하기

지금까지는 넷에 연결된 기기들이 정보를 주고받으려면 인간의 '조작'이 개입되어야 했다. 사물인터넷 시대가 열리면 인터넷에 연결된 기기는 사람의 도움 없이 서로 알아서 정보를 주고받으며 대화를 나눌 수 있다. 블루투스나 근거리무선통신NFC, 센서데이터, 네트워크가 이들의 자율적인 소통을 돕는 기술이 된다.

NFC를 활용한 가전제품도 사물인터넷이 구현된 사례로 꼽힌다. NFC칩이 탑재된 세탁기에 스마트폰을 되면 세탁기 동작 상태나 오작동 여부를 확인하고 맞춤형 세탁코스로 세탁을 할 수 있다. 냉장고는 사람이 굳이 확인하지 않아도 실시간으로 온도를 점검한다.

사물인터넷에선 모든 물리적 온도, 습도, 열, 가스, 조도, 초음파 센서부터 원격감지, 레이더, 위치, 모션, 영상센서 등 유형 사물과 주위 환경으로부터 정보를 바탕으로 사물 간 대화가 이뤄진다.

사물끼리 통신을 하려면 몇 가지 기술이 더 필요하다. 사물끼리 통신을 주고받을 수 있는 통로, 사물끼리 공통적으로 사용할 수 있는 언어가 필요하다. 센싱 기술, 유·무선 통신 및 네트워크 인프라, IoT 서비스 인터페이스 기술 등이 그것이다.

사물인터넷IoT의 서비스

센싱Sensing 기술은 개별 사물끼리 통신할 수 있는 로드 역할을 한다. 정보를 수집·처리·관리하고 정보가 서비스로 구현되기 위한 환경을 지원한다. 이를 위한 기술로는 근거리 통신기술WPAN, WLAN 등, 이동통신기술3G, 5G 등과 유선통신기술Ethernet, Structured, Wiring 같은 유·무선 통신 및 네트워크 인프라 연결 기술이 있다.

월드디즈니 놀이공원은 미키마우스 인형의 눈과 코, 팔, 배 곳곳에 적외선 센서와 스피커를 탑재해 놀이공원 정보를 수집한다. 이 인형은 실시간으로 디즈니랜드 정보 데이터를 습득해 관람객에게 정보를 알려준다. 지금 방문객 위치가 어디인지, 오늘 날씨는 어떤지 같은 정보를 그때그때 상황에 맞춰 알려주는 식이다.

PART 1

자동차 회사도 빠질 수 없다. 포드는 신형차 '이보스'에 사물인터넷을 적용했다. 이보스는 거의 모든 부품이 인터넷으로 연결되어 있다. 만약 자동차 사고로 에어백이 터지면 센서가 중앙관제센터로 신호를 보낸다. 센터에 연결된 클라우드 시스템에서는 그동안 발생했던 수 천만 건의 에어백 사고 유형을 분석해 해결책을 전송한다. 범퍼는 어느 정도 파손됐는지, 과거 비슷한 사고가 있었는지, 해당 지역 도로와 날씨는 어떤지, 사고가 날 만한 특이사항은 없었는지 등의 데이터를 분석한다. 사고라고 판단되면 근처 고객센터와 병원에 즉시 사고 수습 차량과 구급차를 보내라는 명령을 전송하고 보험사에도 자동으로 연동체계 서비스를 제공한다.

제2인터넷과 인공지능AI(인공지능 정보화 사회)

음성서비스 앱

모든 참여자는 조작화면GUI: Graphical User Interface이 새롭게 만들어질 때 거대한 플랫폼이 동시에 만들어진다. 음성 기반 플랫폼이 만들어지면 스마트폰으로 사물인터넷IoT 시장을 손쉽게 선점할 수 있다. 스마트폰은 집안 각종 가전제품, 수도, 전기사용량 등을 통신에 연결해 모니터링하고 제어할 수 있는 집을 말한다. 이 핵심엔 현재 음성서비스 스피커가 자리 잡았다. 음성 기반 플랫폼을 이용하면 손을 이용하지 않고도 음성으로 편리하게 기기를 움직이고 제어할 수 있다.

인공지능AI 서비스

인공지능AI 스피커는 인공지능 알고리즘을 이용해 사용자와 음성으로 의사소통을 한다. AI 스피커를 이용하면 음성인식을 통해 집안의 기기를 목소리만으로 간편하게 제어하는 식으로 손쉽게 스마트홈 환경을 구축할 수 있다.

음성인식 기반인 조작화면UI 플랫폼은 우리의 생활에 간편하고 편리한 기능으로 자리 잡고 있다. 집안에서나 밖에서도 모든 기능을 작동하는 어플리케이션을 이용하는 방법을 간단히 익히면 높은 지식 없이도 자연스럽게 접근할 수 있는 조작화면이다.

음악 감상이나 라디오 청취에 활용되던 스피커가 음성인식 기술이 접목되어 진화되고 있다. 스마트폰에서 쉽게 만나볼 수 있는 음성인식 기술과 클라우드나 인공지능AI 기술을 활용해 단순하게 소리를 전달하는 도구에서 디지털화된 통신정보 언어로AI 스피커로 변신 중이다.

이미 아마존, 구글, 애플 등 글로벌 IT 기업이 이 시장에 뛰어들었다. 국내에서는 삼성전자, SK텔레콤, KT, 네이버, 카카오 등 글로벌 시장에 다목적기업들과 같이 경쟁하고 있다.

아마존 에코는 음성비서 기능인 '알렉사Alexa'를 내장한 원통형 스피커다. 원통에는 마이크 7개가 내장돼 있으며, 소음 제거 기능이 들어가 있다. 이용자는 명령어를 통해 아마존 프라임 뮤직이나 스포티파이 같은 스트리밍 음악 서비스를 즐길 수 있다.

인공지능의 대중화

개인용 컴퓨터의 대중화와 인터넷 및 SNS의 일상화가 이루어지면서 인공지능의 개념 또한 달라질 것이다. 병렬 컴퓨팅을 이용하는 클라우딩 컴퓨팅과 고도의 컴퓨팅 능력을 집적시킨 네트워크 시대의 인공지능이 어떻게 현실화되고 있는가를 보여준다.

인간의 지능은 개별적인 뇌뿐만 아니라 다른 인간과 상호작용을 통해 성장하는 측면이 있다. 인간지능은 고립된 컴퓨터의 데이터베이스나 중앙처리장치와 다르다. 인간지능은 사회생활을 통한 지속적인 학습에서 성장한다. 사회성이 확보되지 못한 인공지능은 인간지능의 복잡한 학습능력을 갖고 있지 못한다.

시사점 Current Affairs

블록체인과 제2인터넷

중앙통제 분권화 분산처리

블록체인의 개방 및 폐쇄형

블록체인과 새로운 컴퓨터

블록체인과 양자컴퓨터

4차 산업혁명시대의 일자리 변화

사이버 시뮬레이션 물리시스템cyber-physical system과 사물인터넷internet of things의 기술을 융합하여 새로운 가치를 창출해 낸다. 빅 데이터, 인공지능 로봇, 사물인터넷, 3D 프린팅, 무인자동차, 나노바이오 기술 등이 융합하여 새로운 것을 창조하는 파괴적 기술disruptive technology이 중심이 되며 그 속도와 파급력은 빠르고 광범위한 것이다. 4차 산업혁명은 효율과 생산성을 비약적으로 높일 수 있는 한편 로봇과 인공지능으로 대체되는 부분은 일자리가 줄어 양극화를 심화시킬 수 있다.

따라서 고용시장은 700만 개의 일자리가 없어지고, 200만 개가 새로 생겨 결과적으로 500만 개의 일자리가 사라지는 첨단기술 집약산업이 도래할 것이다.

먹거리의 변화

지금 세계 곳곳에서 많은 사람들이 연구를 하고 있고, 또 하나둘 결실을 맺고 있다. 생각보다 더 빠른 속도로 우리 농촌은 달라져가고 있는 중이다. 어쩌면 생각보다 달라진 치유농촌 · 농업을 경험하게 될지도 모른다.

로봇이 농사를 짓는다일본

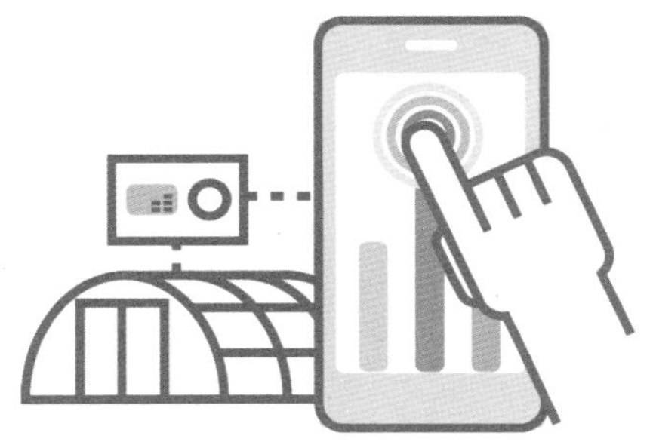

로봇이 알아서 농사를 지어준다면? 편할 뿐만 아니라 같은 노력으로 지금보다 훨씬 더 많은 식량을 얻을 수 있다. 잡초 제거는 물론 씨 뿌리고 농약 치고 수확하는 과정까지 로봇이 알아서 해주는 기술이 지금 한창 개발 중에 있다. 인간을 대신해 로봇과 드론이 알아서 농사를 지어주는 세상이 곧 다가온다.

기술의 발달로 농사는 논과 밭에서만 이루어지는 것은 아니다. 인터넷 기술의 발전으로 이제는 공장에서 농사를 지어 식량을 생산하는 연구가 진행 중에 있다. 앞으로는 4차 산업혁명시대에 들어서면서 4차 산업을 모르고는 생활에 불편과 시대에 뒤처지는 생활이 될 것으로 예상하고 있다. 4차 산업 혁명으로 새로워진 농촌은 어쩌면 다가올 미래 가장 일하기 좋은 재미난 일터가 될지도 모른다. 북극에서도 신선한 채소를 키울 수 있다.

출처 : 대한민국 남극기지, 2018년 5월 KBS

농업용 로봇 드론 활용중국

농업용 로봇기술 개발로 기업에서 농업용 인공위성을 통해 정확한 위치 정보를 전달받아 농업에 활용하는 기술을 개발하고 있는 중이다. 이를 정확하게 움직이기 위해서는 로봇이 자신의 위치를 정확하게 알 수 있도록 정보를 전해 주는 것이 중요하다. 만약 로봇이 위치를 알지 못한다면, 씨를 뿌렸던 곳에 다시 씨를 뿌리거나 농약을 뿌리지 않은 곳이 생기는 등 큰 문제가 발생할 수 있을 것이다. 인공위성에 달린 특수한 센서를 통해 벼나 밀

등이 잘 자라고 있는지를 파악하여 꼭 필요한 비료나 농약을 뿌리기도 한다. 이러한 기술을 통해 수확량을 20~30%까지 늘릴 수 있다.

농사를 지을 때 가장 어려운 것은 농약을 뿌리는 것이다. 농약이 사람 몸에 해로운 것은 모두 알고 있겠지만, 옛날에는 농약을 뿌리다가 갑자기 바람의 방향이 바뀌는 바람에 농약을 뒤집어쓰는 일이 종종 벌어지기도 했다. 이처럼 위험하지만 필요한 농약을 드론을 이용하여 뿌릴 수 있다면 훨씬 효율적이다.

경제 · 사회 전반에 혁신적인 변화

4차 산업혁명과 로봇

이 시대의 패러다임으로 부상하는 단어가 4차 산업혁명이다. 4차 산업혁명이란 인공지능기술AI 및 사물인터넷IoT, 빅데이터 등 정보통신기술ICT과의 융합에서 비롯된 경제·사회의 산업 전반에 혁신적인 변화를 불러일으키는 현실이다. 이러한 변화 속에서 4차 산업혁명의 핵심기술이라고 할 수 있는 AI인공지능기술, IoT기술, 센서기술, 통신기술이 4차 산업혁명 시대의 융합기술 개발로 떠오른 지능형로봇기술의 발전은 빠른 속도로 견인하고 있다.

지능형로봇Intelligent Robot 기술의 발전

4차 산업혁명을 이끄는 구글, 아마존, 테슬라 등 특히 스타트 업체들이 로봇시장에 뛰어들고 있다. 정보통신기술ICT과의 융합 지능형로봇Intelligent Robot 기술이 빠른 속도로 발전하면서 일정 관리와 자료검색 등 사무보조 업무와 음악 감상을 위한 소셜 로봇, 생각하고 판단하고 감정까지 느낄 수 있는 지능형 로봇인공지능 분야에서 제조업, 문화 분야까지 진출하고 있다.

세계적으로 구글, 아마존이나 테슬라 같은 회사에서 로봇관련 산업에 관심을 갖고 투자를 넓히다 보니, 국내 로봇관련 기업체들도 로봇산업에 큰 관심을 보이고 박차를 가하고 있다.

미래 신사업 분야의 핵심 기술

3대 핵심기술크라우드, 빅데이터[1], 인공지능

지능형 로봇Intelligent Robot의 3대 핵심기술은 일반적으로 로봇이 인간처럼 인식하고 판단할 수 있도록 하는 지능기술IT, BT, 뇌공학의 기반으로 로봇의 행동을 제어하는 기구 제어기술 및 부품기술 등이 지능형 로봇의 핵심이라 할 수 있다.

지능기술의 경우 인공시각, 인공청각, 인지 추론감성 공학, 적응공학 등의 세부 기술로 구분되며 기구 제어기술 분야에서는 로봇 팔, 다리, 적응제어, 소프트웨어 기술로 세분할 수 있다. 부품기술은 센서와 제어기 파트로 구분된다.

미래 신사업 로봇기술

로봇기술을 기반으로 드론이나 무인자동차 등 미래 신사업 분야의 핵심 기술로 부상하고 있다. 로봇기술이 더 이상 로봇산업

1) 대용량의 데이터를 저장 · 수집 · 발굴 · 분석 · 비지니스화하는 일련의 과정

에 국한된 것이 아니라 융합산업에 중심 핵심기술로의 가치를 확인시키고 있다.

이미 미국, 독일, 일본, 중국 등은 로봇을 미래성장 동력산업으로 지정하고 국가경쟁력 확보를 위해 각종 지원 정책을 적극 추진하고 있다.

이러한 분위기에 기업에게는 로봇기술 활용능력이 미래 신사업에 대한 성패를 좌우하게 될 것이라는 분석이다.

기업의 내부역량을 활용하여 지능형 로봇에 인공지능 알고리즘, 서비스 플랫폼 등 SW 분야 및 센서, 배터리 분야 등의 신사업에 대한 기회 모색이 확대되고 있다.

지능형 로봇Intelligent Robot

기존 산업용 로봇은 산업 도구로서 사람의 조정에 따라 움직이는 성격이 짙었다. 그런데 지능형 로봇은 인간처럼 시각 · 청각 등을 이용해 외부 환경을 스스로 탐지하고, 필요한 작업을 자율적으로 실행하는 로봇이다. 산업용 로봇이 일의 효율성과 성과에 초점이 맞춰져 있다면 지능형 로봇은 대부분 사람에 대한 서비스에 초점이 맞춰져 있다. '지능형 로봇Intelligent Robot'은 환경에 따른 능동적 실행으로 장소, 상황에 맞는 서비스를 제공한다.

지능형 로봇은 정보, 기계, 센서, 소프트웨어, 반도체, 인공지능 등이 총망라되는 첨단기술의 결합체다. 그런 만큼 로봇 시장은 시장성과 부가가치에 대한 기대가 확산되면서 새로운 전환점을 맞고 있다.

출처 : 한국로봇산업진흥원 웹진

새로운 경제사회

풍요로운 경제와 사회에는 기업가 정신이 반드시 필요하다. 인터넷은 창업가에게 새로운 정보를 가져다주고 기존의 관습에 벗어나 빠른 사업을 구상하고 새로운 정보를 제공하는 역할을 다하고 있다. 하지만 개발도상국에서는 인터넷을 활용해 창업하고자 해도 정부가 변함없이 높은 장벽이 되고 있다. 창업에 필요한 자금이나 결제 시스템에 대한 접근도 일부 사람에게만 허용된다.

4차 산업시대의 기술개발인 블록체인은 그것에 돌파구를 여는데 도움이 될 것이다. 자신이 사는 장소에 메이지 않고 전 세계 사람과 직접 계약하는 것이 가능하기 때문이다. 글로벌한 경제에 접근할 수 있다면 자금조달, 거래처, 제휴, 투자 등 모든 기회가 넓어진다.

블록체인의 정치적 변혁

아무리 작은 사업이라도 블록체인이라면 충분히 성립된다.

블록체인 기술개발로 정치를 변혁하는 시발점이 이미 시작되고 있다. 블록체인 기술을 통해 정치의 비용 절감과 성능 향상을 할 수 있을 뿐 아니라 민주주의의 존재 그 자체가 변화될 가능성도 엿보인다. 정부는 지금보다 훨씬 개방적이 되고 이익단체의 영향력은 줄어들고 보다 성실하고 투명도 높은 정치가 가능해진다. 공공업체는 비용을 줄이고 기업과 개인들은 이익과 삶의 질을 향상시키는데 궁극적인 목표가 있는 것이다.

블록체인 기술이 얼마나 정치를 개선하고 선거를 비롯한 정치에 대한 참가 프로세스를 바꿔나갈지 기대된다. 사회 서비스는 보다 공평해지고 번거로운 문제가 해결되며 정치가는 공약을 제대로 지키게 될 것이다.

유동적인 액체사회의 변화

기존 근대사회의 견고한 작동 원리였던 구조, 제도, 풍속, 도덕이 해체되면서 '흐르는 액체'와도 같이 유동성과 불확실성이 증가하는 국면을 의미하는 개념이다.

공유, 공감, 공상의 세계로 연결되는 사람들의 숫자는 증대되지만 새롭게 연결된 사람 간의 유대관계는 오히려 약화되는 피상적 관계로 서로 항상 연결되어 있지만 서로에게 친숙한 소리를 내고 친숙한 소리를 들을 수 있는 사람들끼리만의 '소통과 울림'으로 친숙해진다.

또한 사람들의 참여와 확산을 이끌어내기 위한 수단으로서 테크놀로지가 중요해졌다고는 하지만 그것이 우리의 감성을 건드리는 인사이트와 아이디어에 의해 뒷받침 되지 못한다면 사람들은 테크놀로지를 번거롭고, 복잡하고, 피로도만 높이는 방해물로 여길 수도 있을 것이다.

스마트폰과 소셜 네트워크 서비스, 그리고 테크놀로지에 의해 모든 것이 연결되는 세상. 그러나 한편으로는 액체처럼 유동적이고 불확실한 변화의 흐름 속에서 의미가 없고 외로워하는 사람들. 우리는 이러한 테크놀로지의 발달과 외연의 확장 속에서 사람들을 놓치고 있다. 일반적이고 보편적으로 아쉬워하는 사람들의 내면적인 심성과 가치를 회복시키고 진정한 연결로 이끌 수 있을까에 대한 물음을 던지고 답을 찾아나서야 한다. 디지털과 아날로그가 섞이고, 테크놀로지와 따뜻함이 섞이고, 가상증강과 현실세계가 합해지는 유동적인 액체사회에 적응해야 한다.

시사점 Current Affairs

먹거리의 변화

농업용 로봇 드론 활용경제

사회 전반에 혁신적인 변화

미래 신사업 로봇기술

블록체인의 정치적 변혁

유동적인 액체사회의 변화

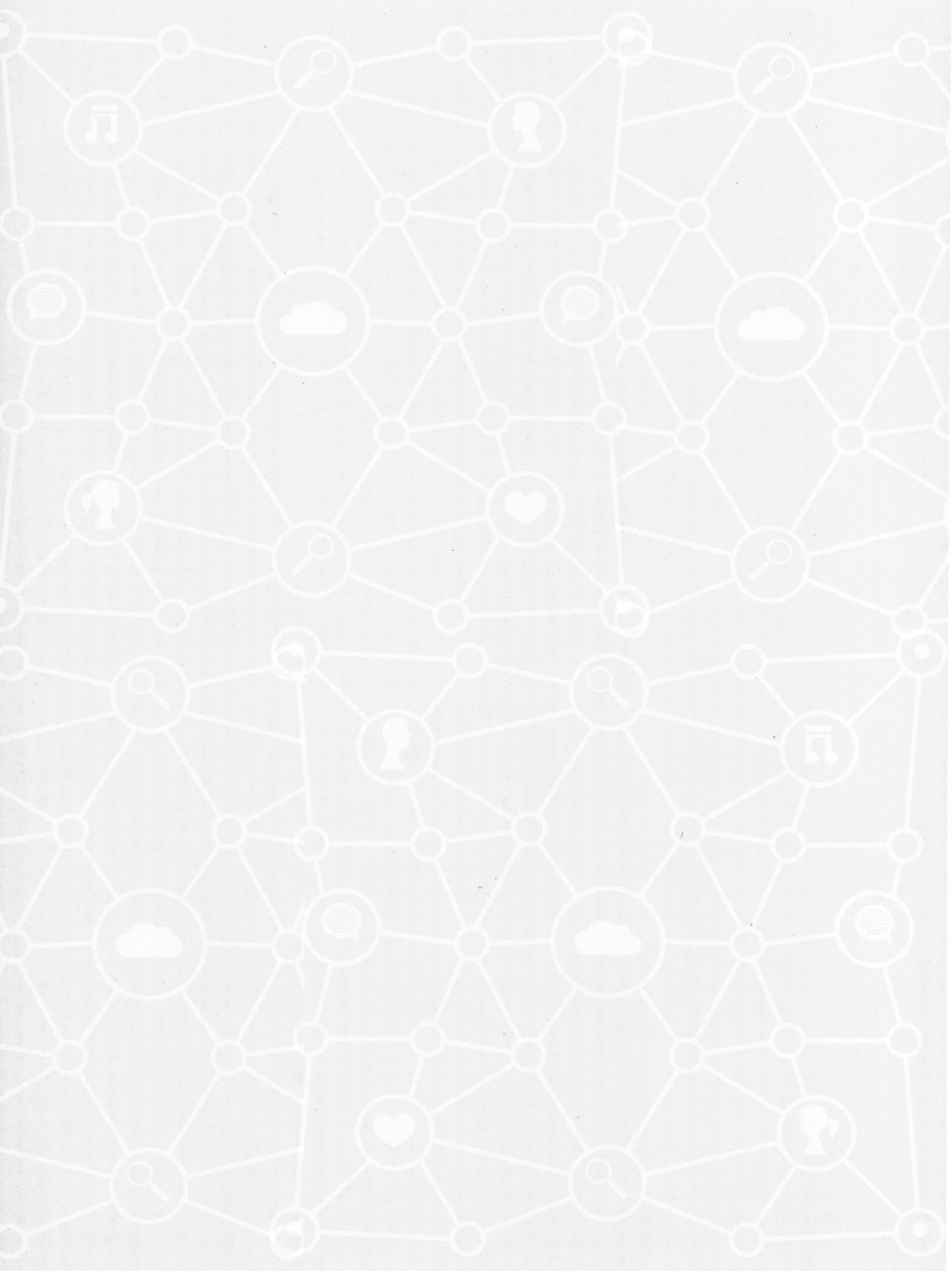

CHAPTER 03

블록체인의 환경변화

가상증강현실에서는 모든 것들을 사용자가 원하는 방향대로 조작하거나 실행 할 수 있다. 20세기에는 PC와 인터넷이 나왔다면, 21세기는 블록체인이 있다.

퍼블릭 블록체인은 서로 '모르는' 참여자들이, 프라이빗 블록체인은 서로 '아는' 참여자들이 시스템을 구성한 것이다.

블록체인과 새로운 인터넷의 변화에 교육, 회계, 물류, 보험, 보안 행정, 건강, 교육, 블록체인은 정부나 공공 기관의 비용을 줄일 수 있다.

가상현실VR

가상현실VR: Virtual Reality은 인공현실Artficial Reality, 사이버공간Cyberspace, 가상세계Virtual Worlds라고도 한다. 가장 먼저 가상현실 기법이 적용된 게임의 경우 입체적으로 구성된 화면 속에 게임을 하는 사람이 그 게임의 주인공으로 등장해 문제를 풀어나간다.

증강현실AR: Augmented Reality은 가상현상의 이미지를 주변 배경, 객체 등 모든 가상의 이미지를 3차원으로 겹쳐 보는 기술이다.

가상현실Virtual Reality에서는 모든 것들을 사용자가 원하는 방향대로 조작하거나 실행할 수 있다. 3D애니메이션과의 차이점은 실시간으로 시연자가 스스로의 판단과 선택으로 3차원의 가상공간에서 사물의 움직임 등을 제어할 수 있다는 것이다.

가상현실의 특성

영상물의 실시간 렌더링이 가능하므로 원하는 위치에 원하는 모습을 즉시 생산해낼 수 있기 때문에 설계자가 직접 그 공간에

들어가 실시간으로 빠른 수정과 정확한 설계를 할 수 있다. 또 입체영상의 전달, 대화식의 물체 특성이나 위치 변경, 3차원 입체 음향의 공간상 위치에 따른 구현 등의 작업을 사실감 있게 할 수 있다.

HMDHead Mounted Display

가상현실VR 체험을 위해 사용자가 머리에 장착하는 디스플레이 디바이스로, 외부와 차단한 후 사용자의 시각에 가상세계를 보여주는 역할을 한다. 눈앞에 디스플레이가 오도록 얼굴에 쓰는 형태로 마이크, 스테레오 스피커를 비롯해 여러 센서 등이 탑재되어 있다. 사용 목적은 사람들이 일상적으로 경험하기 어려운 환경을 직접 체험하지 않고서도 그 환경에 들어와 있는 것처럼 보여주고 조작할 수 있게 해주는 것이다. 응용분야는 교육, 고급 프로그래밍, 원격조작, 원격위성 표면탐사, 탐사자료 분석, 과학적 시각화Scientific Visualization 등이다.

구체적인 예로서, 탱크·항공기의 조종법 훈련, 가구의 배치 설계, 수술 실습, 게임 등 다양하다. 가상현실 시스템에서는 인간 참여자와 실제·가상 작업공간이 하드웨어로 상호 연결된다. 또 가상적인 환경에서 일어나는 일을 참여자가 주로 시각으로 느끼도록 하며, 보조적으로 청각·촉각 등을 사용한다.

시스템은 사용자의 시점이나 동작의 변화를 감지하여 그에 대응하는 적절한 변화를 가상환경에 줄 수 있다.

결국 가상현실VR은 군사·오락·의료·영화·음악 등 다양한 산업 및 문화 등 분야에 활용되고 있다.

블록체인과 새로운 인터넷

블록체인 기술은 정치, 경제, 사회, 문화 전반에 걸쳐 엄청난 영향을 미칠 것이다. 클라우드 슈밥이 회장으로 있는 다보스포럼은 블록체인을 '세상을 변화시킬 21개 기술' 중 하나로 선정한

슈퍼컴퓨터의 등장

바 있다.

블록체인의 핵심 아이디어는 '분산'이다. 정보를 한곳에 모아 두지 않고 모든 이해관계자에게 분산시켜 저장하는 기술이다. 지금까지는 해커들이 정보를 빼낼 때 은행이나 국가기관 같은 곳만 집중 공략하여 테러 및 위변조가 가능하였으나, 블록체인 시스템에서는 불가능하고 있으며 중앙 기관의 통제를 받지 않는 데다 보안성까지 보장하기 때문에 "19세기는 기계 산업, 20세기에는 정보통신산업PC와 인터넷 등이 부흥기를 맞이하였으나, 21세기는 제2의 인터넷인 블록체인의 변화의 시대 주력산업을 자리매김하고 제4차 산업혁명의 기틀을 마련하는 블록체인 기술"이 될 것이다.

중앙통제와 분산처리 서비스

중개자를 없애고 소비자와 공급자를 바로 연결해주는 '직거래' 기술이다. 중앙으로 몰렸던, 네트워크에 있는 거래 내역 같은 데이터를 모든 사용자에게 분산하여 저장한다. 사실 블록체인은 새로운 기술이 아니다. 학계에서는 이미 1990년대부터 해당 기술에 대한 논의가 진행되었다.

블록체인의 개방형과 폐쇄형

블록체인은 크게 개방형인 퍼블릭Public 블록체인과 폐쇄형인 프라이빗 블록체인으로 구분된다. 단순하게 생각하면 퍼블릭 블록체인은 서로 '모르는' 참여자들이, 프라이빗 블록체인은 서로 '아는' 참여자들이 시스템을 구성한 것이다. 따라서 서로 아는 사람들이 모여서 만든 프라이빗 블록체인의 경우 암호화폐라는 '인센티브'가 꼭 필요하지는 않다. 이들의 이해관계가 같거나 유사하기 때문이다. 하지만 누구나 참여할 수 있는 퍼블릭 블록체인으로 넘어가면 얘기가 달라진다. 이곳에서는 참여자들의 이해관계가 같거나 유사하다는 보장이 없다. 서로 알지 못하기 때문에 누가 네트워크에 해를 끼칠 것인지 파악할 수도 없다. 따라서 이들이 자발적으로 시스템을 구동시키게 하기 위해서는 암호화폐라는 금전적인 인센티브가 필요하다.

블록체인과 컴퓨터의 변화

블록체인은 컴퓨터를 기반으로 다가오는 일상의 변화이다. 일상의 변화는 거역할 수 없다. 개인, 기업, 정부가 4차산업 기술변화에 대비해야 한다. 블록체인이란 기술을 기반으로 암호화폐가 범용화 되면서, 세계 2,000여 개 코인 중 비트코인은 온라인상에서 거래된 최초의 암호화폐이다. 송금/환전 시장600조원으로 주로 이용되며 현재 세계 화폐의 1%를 차지하고 있다. 향후 화폐시장의 거래가 10% 주요거래수단으로 활용될 것으로 추정한다.

블록체인 기술개발로 미치는 영향들

엄청난 에너지 소비와 이산화탄소 배출

블록체인 기술을 돌리는 작업은 막대한 양의 전력을 소모한다. 전력소비량이 높음에 따라 엄청난 양의 이산화탄소를 배출한다. 이뿐 아니라 장비가 고장 나지 않게 하기 위해서는 지속적으로 냉각 장치를 이용하는 과정에서 더 높은 에너지소비가 일어난다. 에너지량이 많아지면 이산화탄소 발생량이 많아지면서 지구에 악영향을 미치게 된다. 지구는 선진 산업화의 발달로 인한 온난화되어가고 있다. 이와 더불어 블록체인 기술이 발전으로 막대한 양의 전력이 소모된다면 이에 따른 이산화탄소가 발생하면 지구의 열기는 뜨거워지고 쾌적한 환경이 점점 사라질 위험 속에 있다. 하나뿐인 지구를 편안하게 하기 위해서는 사용자인 인간의 삶의 저조하더라도 환경과의 공존하는 인간의 자세가 필요하다고 사료된다.

정보사용자의 책임과 불편

블록체인의 특성은 매우 높은 수준의 보안성을 갖고 있다. 인터넷 및 SNS, 블로그, 밴드 등 사용자들은 사용자의 권한을 부여받아 메시지를 자유자재로 올리기도 하고 삭제하기도 하지만 블록체인은 기본적으로 블록체인 안에 모든 정보를 입력하면 '변경'이나 '수정'은 불가능에 있으며 '확인'하는 수준 정도까지는 가능하다.

인터넷 기업과 스타트업

구글Google

블록체인이 대중화되면 디지털시대의 구글이나 아마존 같은 기득권 세력들의 블록체인 기술 클라우드 서비스에 접목하려는 준비를 하고 있다.

전 세계적으로 유명한 구글은 블록체인은 2018년 7월 25일에 「포춘」에 따르면 뉴욕에 본사를 둔 블록체인 기반 애플리케이션 제작 스타트업 '디지털 에셋'과 파트너십을 맺기로 하고 "구글 클라우드 고객은 디지털 에셋과 블록앱스를 활용해 분산원장기술DLT을 사용하는 방법을 모색할 수 있게 될 것"이라고 발표하였다.

여기서 구글은 블록체인을 기반으로 아마존과 마이크로소프트MS를 따라잡을 전략으로 블록체인 기술을 아마존, MS와의 클라우드 경쟁에서 승리하기 위한 무기로 표현하였다.

아마존Amazon

아마존Amazon은 2016년도에 아마존 웹 서비스는 암호화폐 그룹과 협력하여 금융 서비스 회사를 위한 BAASBlockchain-as-a-Service 개발자를 위한 솔루션을 만든다고 하였다. 아마존의 세계 금융 서비스 사업개발 책임자인 「Scott Mullins」는 "오늘날 금융 서비스 분야에서 분산원장기술DLT은 금융기관 및 블록체인 공급자와 협력하여 혁신을 촉진하는 등" 블록체인 웹 서비스의 기술 개발과 공조체제에 박차를 가하고 있다.

가상현실(VR) 블록체인과 새로운 인터넷

중앙통제 분산처리 서비스

블록체인과 새로운 컴퓨터시대

블록체인 개방 및 폐쇄형

블록체인 기술 변화와 영향

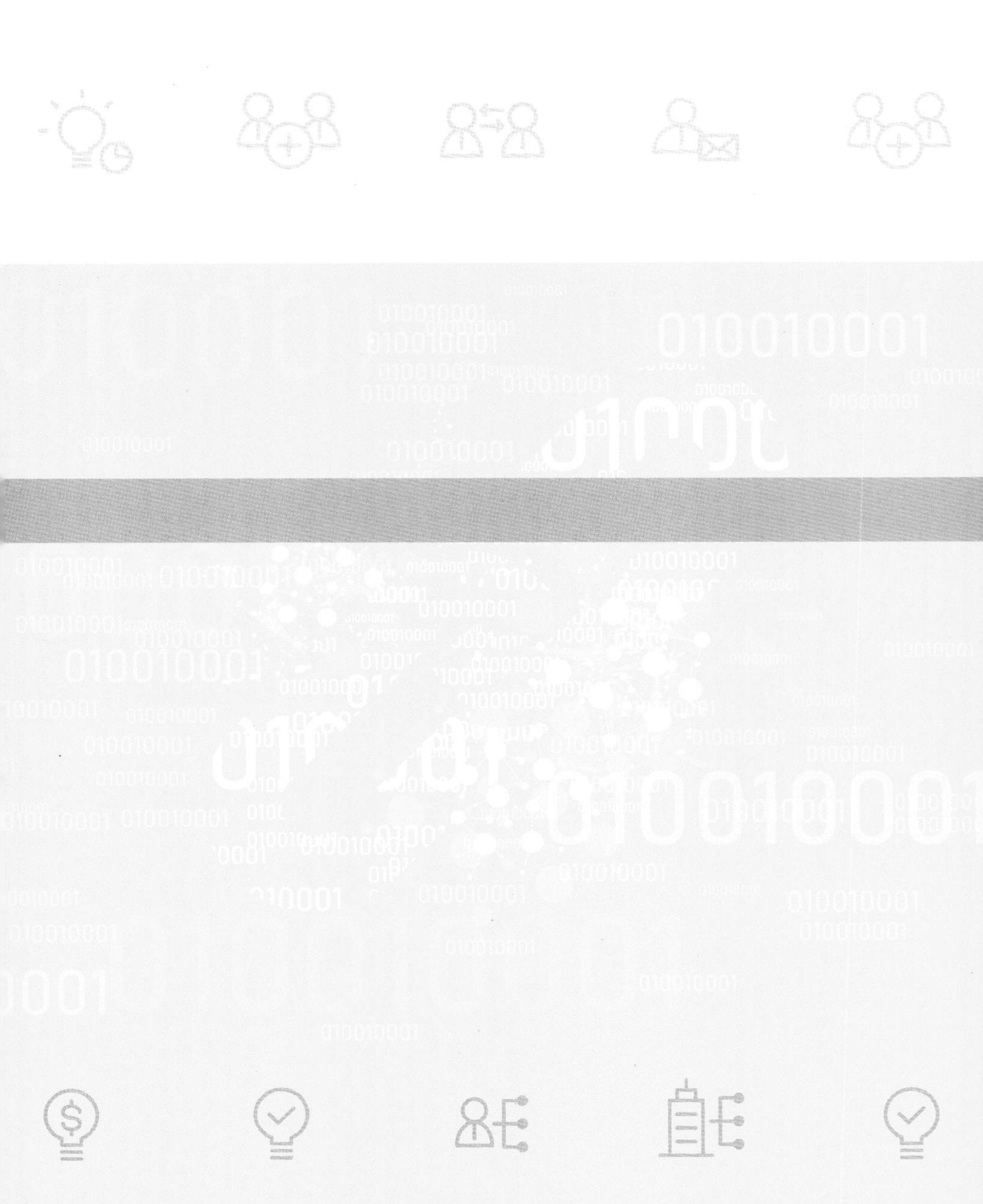

CHAPTER 4

블록체인과 4차 산업의 기술혁명

블록체인은 컴퓨터를 기반으로 다가오는 일상의 변화이다. 기업과 정부, 공적영역에 적용하고 활용 될 수 있다. 국내에서는 영등포의 행정 시스템 구축, 노원구가 실행중인 암호화폐 노원No-Won의 경우 블록체인 기반의 암호화폐를 지역화폐로 활용해 사용의 편리성을 제공하고 있다.

미숙한 기술과 쇼프트웨어 발전의 주요 과제이다. 잘못 운영되면 블록체인의 함정에 빠질 수 있다. 과도기는 새로운 창조물을 만들어 낸다. 블록체인은 새로운 시대의 다양한 비즈니스 모델이다.

블록체인의 장애물들

개인 정보유출 부족한 기술력과 기반 시설

블록체인 기술의 핵심은 '익명성'이지만 여기에는 양면성이 존재한다. 블록체인 기술 및 암호화폐는 자금 세탁 및 마약 거래 등으로 인해 암호화폐를 부정적으로 바라보는 시선이 존재하며 암호화폐를 이용하기 위해서는 암호화된 해시 값 같은 인증이 필요하다.

블록체인은 산업분야에 큰 시장 가치가 있지만 일상생활에서는 그 가치가 충분히 인식되지 않고 있다. 낮은 성능, 확장성 문제, 높은 기술적 한계 등으로 블록체인 기술은 암호화폐 거래에

만 사용되고 있다.

확장성이란 트랜잭션이 많아져도 이를 바로 처리해주는 능력을 말한다. 현존하는 블록체인의 낮은 확장성은 블록체인 기술이 일상에서 쓰이기 어렵게 만든다.

정부와 공적영역 활용

공공부문 플랫폼 활용

정보기술IT 서비스 업체들의 블록체인 플랫폼을 활용한 사업 확대에 본격적으로 나서고 있으며, 또한 정부·행정·건강·교육·복지·공공 분야를 비롯해 금융 물류 제조 분야까지 적용 분야를 확대해 나가고 있다. 블록체인은 거래 데이터를 중앙 집중형 서버에 기록·보관하는 기존 방식과 달리 P2Ppeer to peer 또는 비즈니스 간 거래에 필요한 신용 정보와 부정 거래 기록 등을 거래 참가자 모두에게 실시간으로 공유로 인증체계 방식이다. 슈퍼컴퓨터의 용량수준의 데이터를 효율적으로 관리하는 것이 가능하고 분산장부 기술로 안전·보안 위 변조가 사실상 불가능해 부정 거래를 원천 봉쇄할 수 있다는 장점이다.

국내 주요 대기업체의 블록체인 사업 돌입

LGCNS

LGCNS는 공공기관, 지방자치단체, 대학 등이 쉽게 활용할 수 있는 새로 구축되는 오픈 플랫폼을 모나 체인을 기반으로 지역화폐 서비스, 모바일 인증서비스, 문서 인증 서비스 등 3대 핵심 서비스를 제공한다는 계획을 블록체인 사업에 착수하고 있다.

지역화폐 서비스는 이용자가 개인 휴대기기에 디지털 지갑을 만들고 여기에 디지털 상품권을 받는 방식이다. 개인 식별번호PIN나 지문 등으로 본인 확인을 하는 모바일 인증과 각종 공문서 위·변조를 막는 문서 인증도 가능하다. 또한 LG CNS는 다른 블록체인 플랫폼의 데이터 진본성을 앵커리Anchoring 서비스도 추가할 계획이다. 한국조폐공사와 계약을 맺고 사업에 착수하기도 하고 있고, 앵커링은 외부 블록체인 플랫폼 데이터를 저장하는 기능이다.

삼성 SDS

삼성 SDS는 지난 2018년 5일 인공지능AI과 블록체인 기반의 디지털 금융플랫폼인 '넥스파이낸스Nexfinance'를 공개하며 디지털 금융사업을 본격화할 계획이라고 밝혔다. 가상비서, 보험금 자동 청구 등 서비스를 제공한다라는 명분을 갖고 있다. AI 가상비서, 보험금 자동 청구 등 서비스를 제공체계 구축에 있다. 디지털 아이덴티티는 개인정보를 안전하게 전달할 수 있는 블록체인 기반의 신분증이고, AI와 빅데이터 분석을 활용한 금융자산 관리 서비스다.

SK C&C

SK C&C는 최근 금융과 통신·제조 등 다양한 산업에 적용 가능한 '블록체인 모바일 디지털 ID인증 서비스IDaaS'를 선보이고 있다. 블록체인 모바일 디지털 ID통합 절차 없이 다양한 산업과 서비스에서 바로 활용될 수 있는 실질적인 '원 아이디'를 구현하고 있으며, 모바일 디지털 분야 블록체인 기술개발에 앞장서고 있다. SK C&C는 블록체인 모바일 디지털 ID인증 서비스에서 거래자의 ID증명 키 값을 모든 서비스 제공사업자들과 공유하고, 거래자들이 로그인할 때마다 인증 기록을 블록체인 원장으로 안전하게 관리할 수 있는 체계를 제공한다고 하였다.

시사점 Current Affairs

산업체의 이용 : LG CNS

삼성SDS

SK C&C

공공기관 : 법 · 규정

정부예산

행정

교육

의료/건강

복지분야

CHAPTER 05

블록체인의 위험요소

잠재력이 큰 기술임에도 불구하고, CIO 및 비즈니스 리더들은 블록체인 기술을 도입할 때 발생할 수 있는 소프트웨어나 양자 컴퓨팅 기술로 인한 리스크 등 다양한 위험요소들을 생각하고 있다.

수집된 정보데이터가 검증되지 않아 비즈니스 참여자들의 신뢰하기 어려울 수도 있다. 그러나 블록체인 기술의 확산은 뛰어난 기술의 접목을 위해 놓은 단계의 인간의 욕구를 충족시킬 것이다. 대기업보다는 소규모 기업과 전통시장 등에서 틈새시장에서 훨씬 많이 활용될 것이라고 예측하건데, 블록체인 IT기술은 산업기술의 변화와 일상생활의 편리함을 통해 삶의 질의 높아 질 것이다.

원장기록
생각의 공유
검사·검증·대조
국가공유경제
시간/공간
ID/명함
CLOUD
CLIENT

블록체인 기술은 여러 산업 분야에서 신뢰 모델과 인공지능성 비즈니스 프로세스를 혁신적으로 바꾸어 놓을 수 있는 잠재력을 지니고 있다. 그러나 이 기술은 아직까지 초기 단계에 있으며, 블록체인 기술에 사용되는 분산 원장 기술 역시 적절한 모니터링이나 점검을 받지 않고 있다.

이처럼 잠재력이 큰 기술임에도 불구하고, 암호화폐ICO 및 비즈니스 리더들은 블록체인 기술을 도입할 때 발생할 수 있는 소프트웨어 버그나 양자 컴퓨팅 기술로 인한 리스크 등 다양한 위험 요소들을 생각하고 있다. 블록체인 기술이 일부 비즈니스 프로세스에는 적합하지 않을 수 있다는 전문가들이 있다. 예를 들어, 이더리움 환전소인 레브라이Leveri의 창립자인 바라스 라오는 암호화 화폐 분야에 블록체인의 활용 가능성에 대해 회의적인 태도를 보였다. 그는 블록체인 기술이 중앙집권화된 관계형 데이터베이스와 같은 기존의 거래 기술에 비해 더 비싸고 도입 시간도 오래 걸린다고 말한다.

새로운 블록이 블록체인에 추가되기 위해서는 모든 블록의 암호화 확인 절차가 요구된다. 이 때문에 빠른 거래가 필수인 비즈니스 분야에 적용되기에는 효율적이지 못하다는 것이다.

소수의 사람들만이 제대로 이해하고 있는 기술로부터 이만큼이나 많은 것을 기대한 것은 전례 없는 일이다. 블록체인 기술의 확산은 느리고 꾸준한 페이스로 이어질 것이며, 대기업보다는 소규모 자영업자 등 틈새Niche시장에서 훨씬 많이 활용될 것이라고 전망했다.

미숙한 기술과 미흡한 소프트웨어

2008년 블록체인의 개념을 처음 제시한 것은 '사토시 나카모토'라는 사람이었지만 이 기술이 실제 사례에 적용되기 시작한 것은 불과 몇 년 전이다. 오늘날 블록체인 기술은 주로 암호화폐나 보완대체화폐 거래에서 분산 원장을 만드는 데 사용되고 있다.

코딩 취약성으로 인해 한 사용자가 수억 달러에 달하는 이더리움 암호화폐인 이더Ether를 동결시키고 최대 3억 달러에 이르는 타 사용자들의 화폐 유동성을 제약하는 사건이 발생했다.

블록체인의 데이터 저장에 부적합

블록체인 기술의 최대 장점은 한 번의 데이터 생성으로 많은 이들에게 이를 공유할 수 있다는 것이다. 웹상의 각기 다른 노드들에 손쉽게 도입할 수 있으면서도 각 기록이 자체적인 해시를 간직하고 있기 때문에 조작이 불가능하다.

블록체인 기반 네트워크를 통한 분산 원장은 그래서 내부 시스템과 블랙리스트에 기반한, 선택적 기록보다 훨씬 더 풍부하고 포괄적인 거래 기록을 남길 수 있다. 하지만 그렇다고 해서 거래 관련 데이터가 반드시 블록체인의 일부가 되어야 하는 것은 아니다.

예를 들어, 블록체인 사용자가 거래 기록의 일부로 이미지를 첨부할 경우, 데이터 용량은 급증하고, 시간이 흐르며 일방적인 추가만 가능한 상황에서 데이터 용량이 커짐에 따라, 이는 곧 네트워크 오버헤드로 이어지게 될 것이다. 이 경우 데이터를 분산하는 블록체인의 특성으로 인해 모든 데이터가 블록체인 상의 모든 노드에 복제되어야 한다.

따라서 일부 거래에 대해서는 통제가 어려운 블록체인보다는 별개의 네트워크 스토리지로 운영되는 관계형 데이터베이스를 사용하는 것이 더 낫다.

1% 암호화폐 시장 형성

빛의 속도를 저장처리되는 양자컴퓨터Quantum Computer

암호화폐의 잠재력

블록체인 데이터에 저장된 정보가
검증되지 않아 비즈니스 참여자들의
신뢰도가 떨어진다.

안전 · 보안 위 · 변조에 대한 의구심

서버 이동에 불확실성 내포

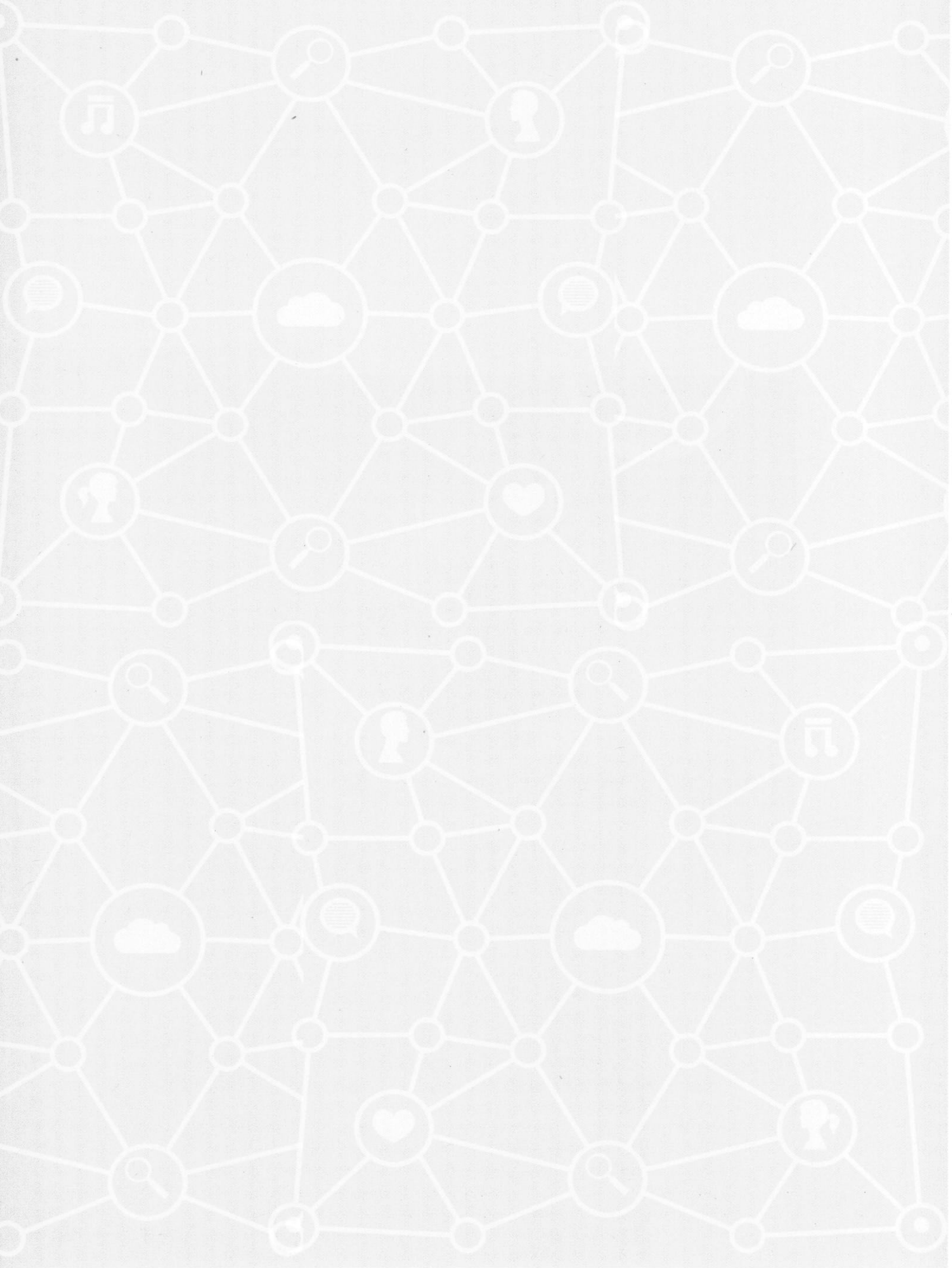

CHAPTER 06

블록체인의 활성화

블록체인은 인터넷문화시대를 넘어 제4차산업의 기반이 될 기술임에는 분명하다.
이런 새로운 기술은 근대산업시대와 같이 전문 특정인들만이 공유, 연결, 거래 교환의 수단으로 선점될 수 있는 기술이다. 블록체인을 암호화 하는 방법으로는 공인 인증서로 쓰이고 있다. 많은 사람들은 블록체인이나 비트코인을 빨리 이해하는 이유는 금융결제 수단이며, 삶의 척도가 되기 때문이다.
스타트업계의 블록체인의 역할은 혁신적으로 변하고 있다. 블록체인과 일상적인 삶의 변화는 새로운 공간과 혜택을 제공한다.

스타트업의 블록체인의 사업

스타트업은 블록체인 세계시장의 화폐가치, 주식, 자산이 될 수도 있지만 아직 아무것도 아닌 암호화폐와 블록체인 기술의 본질은 확장된 시각으로 봐야 한다.

왜 우리나라에서는 암호화페나 블록체인 광풍이 불어 왔을까?

일확천금을 노리는 투기꾼들이 우리나라에 유독 많았기 때문이다. 암호화폐에 대한 국민들이 이해가 평균이상으로 높아서였을까? 그렇지 않다. 소득이 불균형, 기회의 불평등, 자본의 양극화, 학벌의 대물림이 심각한 현실에 대한 청년층의 불안과 절망, 분노를 의미하는 헬Hell조선을 빠져나갈 출구를 암호화폐에서 봤기 때문이다.

출처 : KALST바이오 및 뇌공학과 교수인 정재승교수의 중앙시평에서 발췌

블록체인 산업에 적합

블록체인은 전 세계적으로는 높은 관심을 불러일으키고 있다. 아직은 특정직에 있거나 학문적으로 접해 보지 않는 일상적인 생활자들에게는 익숙한 단어의 용어에 불과하다. 그렇지만 매스컴 및 젊은 자녀를 둔 생활자들은 한두 번을 들어본 단어일지 모른다. 블록체인은 인터넷문화시대를 넘어 제4차 산업의 기반이 될 기술임에는 분명하다.

그러면 이런 새로운 기술은 근대산업시대와 같이 전문 특정인들만이 공유, 연결, 거래 교환의 수단으로 선점될 수 있는 기술이다.

사물인터넷IoT 이용해 와인에 센서맞춤형 기술를 부착하고 여기서 생성된 데이터 블록체인화 하여 제품의 신뢰도가 높아진다.

블록체인은 인간의 삶

블록체인의 기술개발로 생활의 변화하고 인간의 삶의 변화는 굉장히 빠르게 변할 것이다. 변하지 않은 것이 있다면 변하고 있다는 사실이다.

블로코는 기업들은 블록체인을 받아들이는 것에 있어 서비스에 활용할 수 있는가를 중요한 비즈니스 모델이다.

블로코는 범용 엔터프라이즈 블록체인 플랫폼과 블록체인 기반 애플리케이션을 개발 및 구축하고, 블록체인 관련 자문 서비스를 제공하는 블록체인 전문기업이다.

한국거래소의 스타트업 장외주식 거래 플랫폼, 경기도 주민공모사업 전자투표, 롯데카드 앱 카드 결제 등 제1금융권과 공공기관을 중심으로 블록체인 서비스를 제공하고 있다.

PART 1

블록체인과 일상의 도움

블록체인은 혼자 사용하는 인프라가 아닌 여럿이 동시에 접속 연결하여 거래 또는 정보를 공유한다. 인터넷도, 클라우드도 마찬가지이다. 컴퓨터 및 인터넷을 여럿이 사용하지 않고 혼자 접속하여 사용한다면 블록체인의 큰 의미가 없을 것이다. 왜냐하면 여럿이 사용하지 않고 혼자만 쓴다면 하드웨어에 저장 클라우드에 저장할 필요성이 없기 때문이다. 그런데 서로의 공유해야 할 공공작업이 필요한 것들은 클라우드에 저장하거나 올려놓고 서로 간의 자료 및 정보를 공유하여 행위가 이루어질 것이다. 블록체인의 기술개발로 이러한 부분이 자동으로 저장되거나 거래자P2P 간의 공유하고 인식할 수 있는 프로그램이다.

블록체인의 가치

블록체인의 기반으로 역사적인 관점에서 암호화폐가 가지는 화폐의 역할과 가치는 무엇일까? 먼저 화폐에 대한 정의가 필요하다. 학자들마다 제시하는 기준이 조금 다르기는 하지만, 일반적으로 화폐는 교환이 수단의 기능을 갖고 있으며 가치를 저장할 수 있어야 한다고 말한다.

인류 최초의 화폐인 조개껍질로 출발하여 현재 지폐 형태의 화폐가 등장한 것은 그리 오래되지 않았다. 국가 간의 교류가 늘고 민간사업의 규모가 커지다 보니 코인을 사용하는 게 쉽지 않았다. 이러한 문제를 해결하기 위해 종이 지폐가 사용되기 시작했는데 사실 형태만 다를 뿐 기존의 화폐와 크게 다르지 않다고 볼 수 있다.

형태의 화폐는 국가의 통치를 위해 여러 방면으로 사용되었다. 국가는 단순 교환 기능을 넘어서 일정한 가치 저장 기능까지 갖춘 화폐를 생산·배포했고, 이를 독점해 막강한 권력을 행사했다.

다시 말해, 인류 최초의 화폐인 조개껍질과 현재 우리가 쓰고 있는 달러화폐 모두 '가치 저장'의 기능보다 '교환'의 기능이 훨씬 더 강하다는 것이다.

따라서 암호화폐에도 교환의 기능이 개선된다면 충분히 화폐의 가치가 생길 수 있다. 앞에서 언급했듯 국내외에서 암호화폐의 사용처가 빠르게 늘어나고 있다. 높은 가격 변동성에서도 이미 실제 거래에서 적지 않게 사용되고 있다. 게다가 암호화폐에는 기존 화폐에 없는 분명한 장점들이다. 또한 시간이 지나서 암호화폐의 가치까지 안정화된다면 교환 기능이 더욱 활성화될 것이다. 현재 가장 많이 알려져 있는 대표적인 암호화폐가 비트코인으로 상용화되고 있다.

출처 : 김기영. 알기쉬운 블록체인과 암호화폐. 2018. 5

블록체인의 구분

블록체인에는 크게 다음 표와 같이 2종류로 분류·구분하고 있다.

퍼블릭과 프라이빗 블록체인의 구분

구분	퍼블릭 블록체인 public lockchain	프라이빗 블록체인 private Blockchain
처리속도	약 1~15분 정도	실시간 진행
적용 범위	비트코인, 이더리움, 리플, 모네로, 대시	전문 기업 블록체인 및 협력에 적용
분산처리화 여부	O	O
탈중앙화 여부	O	×
법적 구속력 여부	상대적으로 자유로움	법규 준수 필요
기록 생성 권한 여부	누구나 생성 가능	허가된 특정 이용자
기록 검증 권한 여부	참여 및 검정 가능	허가된 특정 이용자
읽기 권한 여부	누구나 가능	허가된 특정 이용자
참여자 권한	불가능	허가된 특정 이용자

출처 : 저자의 재 작성

퍼블릭 블록체인Public Blockchain

퍼블릭 블록체인은 누구나 제약 없이 참여할 수 있다. 화폐 구입을 원하는 누구나 체인에 가담할 수 있게 열어 놓은 비트코인이 바로 퍼블릭 블록체인의 대표적인 예다. 퍼블릭 블록체인은 개방되어 있고 투명하기 때문에 화면상의 모든 사용자가 모든 거래 내역을 투명하게 볼 수 있다.

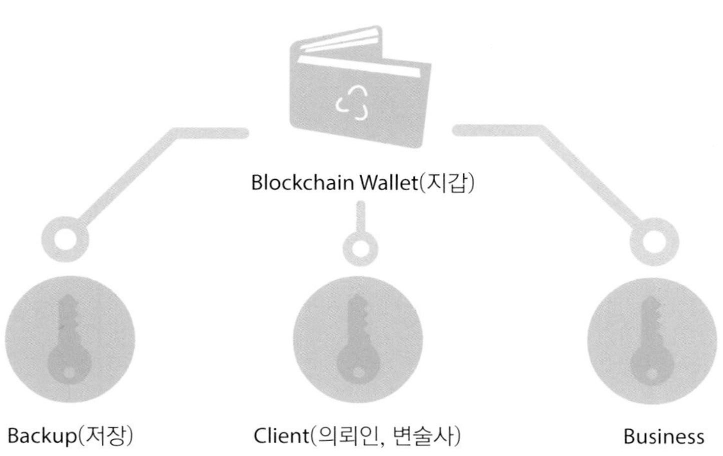

출처 : https://www.google.co.kr/search?q=Public+Blockchain&rlz=1C1VFKB_enKR737KR808&tbm=isch&source=iu&ictx=1&fir=

프라이빗 블록체인Private Blockchain

프라이빗 블록체인은 중앙 권위체제에서 단독으로 관리하며 가입을 위해서는 승인 절차가 필요하다. 단일 기업이나 파트너 기업들 간에 주로 사용되는 형태로, 승인된 사용자들만이 체인에 참여할 수 있다.

일부 블록체인의 경우 51%의 동의를 얻어내야 한다. 블록체인은 그보다 더 많은 사용자들의 동의가 필요하다. 이처럼 약간

출처 : https://www.google.co.kr/search?q=Private+Blockchain&rlz=1C1VFKB_enKR737KR808&tbm=isch&source=iu&ictx=1&fir

의 차이는 있지만, 기본적으로 블록체인은 거래 장부 변경이 불가능하고, 사용자들의 동의를 기반으로 거래가 이루어지기 때문에 그 어떤 네트워킹 기술보다 더 안전하다. 그렇지만 블록체인 기술이 애플리케이션 소프트웨어 및 암호화 기술에 의존하고 있는 것도 사실이며, 오늘날 블록체인 기술을 개발, 제공하는 수백 개의 스타트업들 중에는 아직 검증되지 않은 알고리즘을 사용하는 곳들이 적지 않다.

블록체인 같은 기술은 해킹으로 불안해 하지 않는다. 그보다는 소프트웨어상의 취약점으로 인해 깨질 확률이 더 높다고 지적했다.

블록체인의 진화

블록체인은 다양한 인더스트리에서의 혁신과 생산성을 향상시킬 수 있는 '범용기술'이자 혁신을 촉진하는 '인네이블러 기술Enabler Technology'이다. 이는 독자적으로 구현되는 기술이자 동시에 사물인터넷, 데이터, 인공지능AI 등 4차 산업혁명을 특징짓는 다양한 디지털 기술, 프로토콜들과 융복합되어 발전을 가져오는 것을 말한다.

시사점 Current Affairs

스타트업계의 블록체인의 역할

블록체인 산업 적용 가능분야

블록체인은 인간의 삶의 변화

앞으로 블록체인의 가치

블록체인의 종류와 진화

블록체인 세계의 이해와 응용

BLOCK CHAIN

PART 02

BLOCK CHAIN

암호화폐 ICO의 비밀

CHAPTER 01

암호화폐ICO란 무엇인가?

블록체인은 자동차이고 암호화폐는 연료이다. 암호화폐는 현금과는 다른 자산이다. 자연은 결과의 기법이다. 뿌리는 전기이고 컴퓨터이다. 줄기는 라인을 형성하는 블록체인이고, 가지는 암호화폐이다. 그리고 모든 참여자가 네트워크를 통하여 공유한다. 암호화폐는 블록체인의 일부이다. 비트코인은 암호화폐 일종으로 성공한 최초의 단일 화폐이다. 암호화폐ICO가 2030년까지 법적 통화화폐로 10%-20% 내외로 대체화폐가 될 것으로 본다.

암호화폐ICO란 무엇인가?

블록체인은 바탕이고 암호화폐는 필드이다. 블록체인은 다양한 분야의 활용 가치에 따라 블록체인은 자동차이고 암호화폐는 연료가 될 수 있다. 비트코인을 작동하는 데 필수적인 도구는 디지털 암호기술로 만들어진 것이 암호화폐이다. 암호화폐가 가져오는 핵심은 블록체인 응용기술이다. 암호화폐가 세상에 나온 후 많은 사람들은 돈과의 연관을 기술로 인식하기 시작했다. 비트코인은 필두에서 행해지는 모든 것에 비유할 수 있다.

출처 : 애덤로스타인, 홍성욱 옮김, 2017

블록체인은 첨단 IT 기술을 기반으로 탄생된 암호화폐이다. 이는 금융 산업의 변화와 함께 2009년 1월 3일 기점으로 온라인상에 거래가 최초로 시작되었다. 우리나라를 포함해 전 세계 경제의 흐름에 막대한 영향력을 행사하고 있는 암호화폐에 대한 열기가 뜨거워지면서 암호화폐를 투기의 수단으로 이용하는 사람들 역시 많아졌다. 우리나라도 2017년 말부터 비트코인에 대한 관심이 급격히 상승하면서 젊은 층 중심으로 암호화폐는 더 이상 낯선 존재가 아니다. 그런데 비정상적인 투기 과열로 인한 부작용이 발생하고 있는 가운데 정부는 암호화폐 거래소 폐쇄까지 고려하는 등 강경한 입장을 취했다.

프레이는 "비트코인은 부동산 판매와 비슷하다"고 설명했다. 자산의 소유권을 변경하는 것처럼 비트코인 판매는 비연속적 디지털 코드를 다른 이에게 내주는 것을 의미한다. 기업들은 일반 거래에 비트코인을 더 쉽게 사용할 수 있도록 노력하고 있다.

비트코인 가치는 떨어졌고, 다른 암호화폐들은 주목을 받기 위해 경쟁을 벌이고 있지만 암호화폐 자체가 무너지지 않을 것으로 본다. "암호화폐가 주기적으로 변하는 주식, 채권 등 전통적 투자와 유사하다고 생각한다. 하지만 암호화폐의 변동성이 훨씬 크기 때문에 정말 조심해야 하는 이유는 투자 영역"이라고 보면 된다.

암호화폐의 개념

정부는 주요 기술로 인식하고 육성 방안을 내놓고 있다. 핵심가치인 블록체인에 대해서는 활성화시키고, 암호화폐는 규제하는 쪽으로 논의되고 있다. 블록체인 기술을 기반으로 하는 암호화폐는 기존 '화폐'에 대한 기본 개념을 뒤바꾸었다. 암호화폐는 정부나 특정 기관을 매개로 한 거래 시스템이 아닌, 개인과 개인이 인터넷을 통해 직접 연결되어 파일을 공유하는 'P2PPeer to Peer' 방식으로 거래, 교환이 된다. 즉, 하나의 블록암호화폐 정보를 다수의 사용자와 공유함으로써 이중 사용을 방지하고 모든 정보의 비대칭적 보유를 방지한다. 이러한 암호화폐의 특성은 기존 화폐에서는 찾아볼 수 없는 혁명적인 개념이다.

블록체인은 비트코인이 아니다. 기술 개발 목적이 강한 암호화폐도 아니다. 비트코인은 수많은 암호화폐 중 하나이고 암호화폐는 블록체인이라는 기술을 이용해서 만든 성공적인 사례 중 하나에 불과하다.

출처 : 김기영, 블록체인 암호화폐, 2018. 5

암호화폐의 세계

미래학자 토마스 프레이Thomas Frey는 암호화폐는 생활의 일부가 될 것이다. 암호화폐가 2030년까지 법정화폐의 10~20% 내외로 대체할 것이라고 예측했으며, 암호화폐를 훨씬 더 효율적인 시스템으로 평가했다. 암호화폐가 지난 2년간 새로운 자산으로서의 가능성을 보여줬다. "암호화폐 투자가 기하급수적으로 증가할 것"이라고 덧붙였다. 블록체인의 익명성으로 인해 많은 사람들은 디지털 자산에 대한 납세의 의무를 피하고 있지만 곧 과세 대상이 될 것으로 예상하고 있다.

암호화폐의 접근방식

암호화폐에 대한 접근방식은 기술적 접근, 제도적 접근, 산업적 접근으로 크게 나눌 수 있다.

기술적 접근

무엇보다도 암호화폐의 근간인 핵심기술인 블록체인 기술의 발전과 활용 방안을 넓히고 기술에 대한 이해를 확장해 나가는 것을 말한다.

블록체인의 기본 기능에 스마트계약 기능을 추가하거나 익명성을 한층 더 강화한 기술 등이다.

블록체인의 기술은 4차 산업혁명시대의 접어들면서 첨단 기술로 주목받고 있다. 경제협력개발기구OECD나 세계경제포럼WEF, World Economic Forum도 인정하고 있다. 세계 초일류 기업과 선진국도 관심과 투자를 늘리고 있다.

블록체인은 연결과 분산의 기술로서 의료 데이터, 정부 행정 서비스, 사물인터넷IoT 등과 연결하여 가상의 세계가 현실로 접어들기 위하여 범위를 넓히고 있다.

또한 블록체인은 어떤 정보를 '블록'이라는 일정 구간에 저장하고, 정보가 추가 또는 변경됐을 때 블록체인은 한층 더 보완·발전시킨 기술도 선보이기 시작했다. 모든 참여자가 네트워크를 통하여 공유한다. 블록체인은 '연결과 분산의 기술'이며 한 번 기록된 데이터는 위조나 변조가 어려운 특성이 있다. 그동안 블록체인 기술은 국제 송금, 소액 결제 등 주로 금융 분야에 활용하고 있다.

제도적 접근

기존 법정화폐와의 관계 정립을 보다 구체적으로 하는 한편 우리나라 정부는 아직까지 뚜렷한 법규나 암호화폐에 대한 정의 그리고 그로 인한 거래교환 비용에 대한 제도들이 미미한 상태에 있어서 제도를 세밀하게 만들어나가는 과정이라고 할 수 있다. 제도적 접근이 될 거래교환 비용 산출근거가 없기 때문에 아직 법적·제도적 장치가 여러 가지로 미흡한 실정이라고 보고 있는 것이다.

우리나라에서는 이를 금융의 한 분야가 아닌 통신판매업자로 분류하여 취급하고 있다. 정부가 일찍이 비트코인 등 암호화폐의 거래교환 과열에 우려를 표방하며 규제 가능성을 보이고 있다. 중앙은행은 암호화폐의 존재를 인정하기 어려움 점이 있다. 암호화폐는 P2P네트워크와 블록체인 기술을 통해 탈중앙화란 가치를 내걸고 탄생하면서 중앙은행 본연의 기능을 부정하고 있기 때문이다.

산업적 접근

암호화폐를 하나의 산업으로 인식함으로써 관련 분야의 부가가치를 키워나가는 방식이다. 암호화폐를 산업적 가치로 실질적으로 건전한 투자 대상으로 활용 방안을 넓혀 나가면서 경제적 가치를 높여 나아가는 산업적 도구로 활용 방안을 강구해야 한다.

우리나라는 아직까지는 투자자의 보호라는 차원에서 원천적으로 암호화폐ICO를 불인정하는 현실에 있다.

출처 : 이철환, 암호화폐의 경제학, 2018. 2

전자화폐Electronic Money란?

전자화폐Electronic Money는 가치저장 형태에 따라 크게 IC카드형Integrated Circuit Card과 네트워크Network형으로 분류된다. IC카드형 전자화폐는 플라스틱카드에 IC회로를 내장하여 안전성 및 자료처리 용량 면에서 기존 MSMagnetic Stripe카드보다 기능을 대폭 개선한 것으로 1998년 3월 영국 Mondex가 처음 도입한 이래 현재 75여 개국에서 도입을 추진하고 있다. 네트워크Network형 전자화폐는 공중정보 통신망과 연결된 컴퓨터 기기 등을 이용하여 디지털방식으로 저장하였다가 인터넷 등 네트워크를 통하여 전자상거래에 적용된다.

우리나라에서도 전자화폐 개발이 진전됨에 따라 2000년부터 전자화폐가 상용화되어 왔으며, 무분별한 신용카드 발급으로 신용회복의 어려운 문제점이 있었으나 과도기적 시기를 넘어 국민들이 보다 편리하고 안전하게 사용하고 있다. 전자화폐는 국민

경제적으로도 현금통화를 대체함으로써 화폐 발행비용 제조 원가가 절감하는데 기여하였다.

법정화폐와 암호화폐의 비교

암호화폐Virtual Currency는 근대 산업적 자본주의로 들어오면서 각 나라별 중앙은행에 의한 화폐의 독점 발행과 관리를 통해 금융시장을 관리 유지해 왔으나, 4차 산업 시대에 접어 들어오면서 거래 교환수단으로 근대적 개념의 화폐시스템을 부정하고 새로 등장한 암호화폐이다.

암호화폐의 가장 중요한 특성은 발행 주체가 없다는 점이다.

법정화폐는 나라별 중앙은행의 통제 하에 발행되며 최종적으로 그 국가에서 책임지고 보증하는 신뢰성을 갖는 화폐이다.

암호화폐는 국가가 발행하는 법정화폐가 아니고 네트워크로 연결된 공간에서 전자적 형태로 사용되는 디지털 화폐를 통칭하고 있다. 암호화폐는 비트코인의 묶음 단위이다.

암호화폐ICO가 통화화폐로 대체

전 세계적으로 암호화폐ICO를 전면 금지한 국가는 한국과 중국 정도밖에 없다. 다수의 전문가는 ICO에 대한 좀 더 현실적이고 유연한 접근이 필요하다고 주장하고 있다.

미래학자인 토마스 프레이Thomas Frey는 암호화폐는 생활의 일부가 되었고, 암호화폐가 2030년까지 법정화폐의 10~20% 내외로 대체할 것이라고 예측하며 암호화폐를 훨씬 더 효율적인 시스템으로 평가했다.

다양한 디지털 코인을 거래하고 있는 암호화폐 시장은 일반인들에게는 편리하고, 흥미롭고 한편 무섭게 보이기도 하면서 미스터리하게 보인다. 암호화폐 분야의 개척자인 비트코인은 최근 몇 달 동안 급증과 급락의 양상을 나타냈다. 그리고 여러 가지 새로운 암호화폐의 ICO암호화폐가 무서운 속도로 증가하고 있다. 일부 금융 전문가들은 여전히 암호화폐에 대해 회의적이다. 하지만 암호화폐에 투자된 막대한 돈에 대해서 무시하기는 늦은 감이 있다. 기술 분야의 트렌드를 연구하고 예측하고 있는 두 명의 저명한 미래학자들에게 암호화폐의 방향에 대해 그리고 암호화폐에 주의를 기울여야 하는 이유이다.

암호화폐는 보다 효율적이기 때문에 새로운 자산으로 번영하게 될 것이다.

암호화폐는 현금과는 다른 자산

인터넷상의 보안 블록체인과 연계되어 있는 디지털 코인은 전통적인 화폐와는 달리 국가와 관계를 가지고 있다. 캔튼 박사는 이를 '블록체인 경제'의 한 부분에 있다고 하고 있다. 미국의 국세청에서는 암호화폐를 실제 화폐가 아니라 자산제품/상품으로 분류하고 있다.

비트코인은 주식을 사고파는 거래를 하는 것과 같다. 재산의 소유권을 변경하는 것과 마찬가지로 비트코인을 파는 것은 클라우드 상에서 별개의 디지털 데이터 집합digital chunk을 타인에게 양도하는 것을 의미한다.

비트코인은 다른 암호화폐가 주목을 끌게 되면 내려갈 수 있다. 그러나 암호화폐 자체가 붕괴하는 것은 아니다.「캔튼 박사」

는 암호화폐 투자는 전통적인 주식과 채권 투자와 마찬가지로 순환주기를 거치게 된다. 암호화폐의 변동성이 크다. 하지만 암호화폐 시장은 투자 포트폴리오를 신중하게 실험해야 하는 영역일 뿐이라고 말했다.

암호화폐는 상거래를 크게 변화시킨다. 암호화폐는 이를 심각하게 받아들여야 하는 중앙은행 금융 시장의 혼란을 일으키게 된다.

서로 공조를 위해 협력하고 공익을 위해 암호화폐의 기술을 활용함으로써 암호화폐의 잠재력을 활용하면서 불법 활동의 피난처가 되거나 금융 취약성의 근원이 되지 않도록 해야 한다.

P2P거래가 이루어지며 중개자와 감시가 없는 암호화폐 시장은 투자자에게 매력적이며 은행과 금융 마케팅 전문가에게 지불할 수수료를 절감할 수 있다.

태국은 은행별 자회사로 암호화폐 거래소를 운영하고 있다.

비트코인 등 암호화폐의 높은 변동성은 성숙한 자산이 되기 위한 중요한 과정이며 올해에도 변동성은 계속될 것으로 예상하지만 근본적으로 비트코인은 강세를 보일 것'이라고 말했다.

블록체인을 기반으로 하여 전통화폐보다 국가와의 관계에서 자유롭다. 캔턴은 이를 '블록체인 경제'라고 불렀다. 미국 국세청 IRS도 암호화폐를 화폐가 아닌 자산으로 보고 있다.

「프레이」는 "비트코인은 부동산 판매와 같은 자산으로 비슷하다"고 설명했다. 자산의 소유권을 변경하는 것처럼 비트코인 판매는 비연속적 디지털 코드를 다른 이에게 내주는 것을 의미한다. 기업들은 일반거래에 비트코인을 더 쉽게 사용할 수 있도록 노력하고 있지만 아직까지는 결제 시 사용할 수 있는 일반적인 거래 통화 수단이 아니다.

암호화폐의 역사

암호화폐의 역사를 되짚어보는 것은 매우 중요하다. 지난 10여 년간 벌어진 사건을 연대기적으로 살펴봄으로써 개별 사건들의 연관성을 파악하고 내포된 의미를 추론해내는 것은 유동성이 높은 암호화폐 시장을 제대로 이해하는 데 꼭 필요한 요건이다.

연대기적으로 정리하고 분석한 내용을 통해 일반인이 잘 모르는 암호화폐의 특성을 알기 쉽게 설명하면서 현실적인 전망과 조언을 제시하고 있다. 따라서 독자는 이 책을 통해 암호화폐에 관한 다양한 정보를 습득하면서 실제적인 투자에 대한 안목을 기르고 암호화폐의 미래를 전망해볼 수 있다. 나아가 21세기 통화 정책의 방향에 대한 큰 그림까지도 그려볼 수 있다.

흔히 암호화폐라고 부르는 이 암호화폐는 어느 날 갑자기 등장한 것이 아니다. 1983년에 이미 그 개념이 등장하기 시작했고, 암호화폐와 관련된 아이디어와 기술을 발전시켜 왔다. 그로부터 10년 후인 2008년 8월 18일 비트코인의 인터넷 도메인bitcoin.org이 등록되었고, 2008년 10월 31일 '사토시 나카모토Satoshi Nakamoto'라는 가명의 인물이 「비트코인 백서」라는 논문2009. 1 .3을 인터넷상에 온라인하면서 암호화폐의 용어가 일반화되기 시작하였다.

거래 규모는 전 세계적으로 증가하고 있으며 일본과 독일, 미국처럼 암호화폐를 자산으로 인정하고 관련 법규를 정비하는 등 본격적인 암호화폐 사용에 대비하는 국가들이 늘어나고 있다.

암호화폐가 본격적으로 거래된 이후로 크고 작은 사건들이 벌어지고 있다. 거래소 해킹을 비롯해 가격의 급등락 문제, 투기 관련 문제 등 암호화폐 사용자들의 불안을 가중시키는 사건들이 이어지고 있다. 우리나라의 경우 관련 정부 기관의 섣부른 판단과 발표로 암호화폐 사용자들의 불안을 더욱 가중시키고 있다.

시사점 Current Affairs

블록체인 기술을 기반으로 한 디지털 화폐,
암호화폐는 블록체인 기술의 일부다.
비트코인, 이더리움 대표적인 화폐

개발자, 발행인, 참여투자자, 운영자/관리자가
암호화폐에 관여한다.

암호화폐는 현금과 다른 자산이다.

암호화폐(ICO)가 2030년까지 법적 통화화폐로
대체할 것이다.

CHAPTER 02

암호화폐의 활용

인류 문명이 만들어낸 거래수단인 보조화폐에서 편리한 교환수단인 암호화폐는 자본주의 경제사회를 유지하는 근간이 되었다. 암호화폐는 비트코인의 바탕 위에 만들어진 거역 할 수 없는 사회현상으로 희망과 불안감을 동시에 주었다. 암호화폐 등장은 금융산업의 신선한 충격이며, 자산과 자본의 자유로운 이동이다.

정보를 수집하는 중앙기관이 없이 이용자가 한정될 수밖에 없다.

암호화폐는 교환수단

인류 문명이 만들어낸 거래 수단인 종이화폐에서 편리한 교환수단인 암호화폐는 자본주의 경제사회를 유지하는 근간이다. 암호화폐는 비트코인 바탕 위에 만들어진 자본주의 경제에 희망과 불안을 동시에 주었다. 다양한 이념과 욕망을 한곳에 집중시킨 암호화폐는 실로 마법적Magical이라고 해도 틀린 말은 아니다. 블록체인은 연대순으로 나열된 비트코인 거래들의 공공내역서로 모든 사용자에게 공유된다. 은행과 신용카드 회사 및 보험회사, 무역회사 등의 지불증명을 위해 얼마나 많은 절차와 자원을 필요로 하는지 그리고 그것을 통제하는 시스템이 얼마나 큰 권력을 소유하고 있는지에 대해 생각해본다면 블록체인의 순기능과 가능성을 충분히 이해할 수 있다.

출처 김기영. 블록체인과 암호화폐. 2018. 4

암호화폐의 가치척도

암호화폐는 일반적으로 가치의 저장, 가치의 교환의 매매기능 역할을 수행한다. 물물교환의 대상이 될 만큼 가치 실체가 있어야 하며 전 세계적으로 쓸 수 있을 만큼 수량이 충분해야 하며 그 가치의 변동성이 크지 않고 안정적이어야 한다.

그러나 대표 가상통화인 암호화폐는 어떠한가? 신용을 보장해 줄 발행주체가 없다. 정해진 공급량과 채굴량에 대해 시장 참여자들의 암묵적 합의로 가치가 형성되어 있을 뿐이다. 적정한 가치에 대한 평가가 부재한 것이다. 물론 가치의 저장기능은 가능할 수 있으나 그 가치의 변동성으로 인해 교환의 기능은 힘들 것으로 판단할 수도 있다.

암호화폐의 가격상승

암호화폐는 제한된 공급량과 수요증가로 위안화 약세에 따른 중국자금 유입 등으로 가파른 가격 상승세가 나타나 신규 매수 및 추가 매수하기에는 부담스러운 것이 사실인데 단기현상으로 버블임에도 불구하고 암호화폐 시장이 사업 초기라는 점, 그리고 4차 산업혁명시대의 필수기술인 블록체인이 우수한 보안성을 기반으로 다양한 산업으로 발전이 가능하며 또 다른 획기적인 암호화폐가 언제든가 출시 가능하며 제한된 공급량이라는 암호화폐의 희소가치의 부각과 주식거래 대비 차별화 부각요인으로 인식하며 선진국에서 자산으로 인정을 받고 있다는 점 등을 감안하면 여전히 추가 상승도 가능하다고 판단되기 때문이다.

출처 : 이용갑. 비트코인 경제학. 2017.4. 북새바람.

시사점 Current Affairs

암호화폐의 정세

암호화폐의 가격상승

암호화폐의 가치척도

암호화폐는 교환수단

암호화폐의 회계처리

암호화폐 저장 수단

CHAPTER 03

암호화폐의 규제

암호화폐는 세계적으로 전문가들 사이에 기대반 우려반 암호화폐 시장을 주시하고 있다. 독일은 가장 먼저 비트코인을 공식 화폐로 인정한 국가이다. 2013년 8월 독일은 비트코인을 지급결제 수단임과 동시에 하나의 금융상품으로도 취급함으로서 소비세는 물론이고 발생한 차익에 대해서도 과세하고 있다.

시장경제학 연구자들은 이런 혁명적인 일이 가능할까? 인터넷이 오프라인 경제를 온라인 경제로 바꾸어 놓았다면 블록체인은 실질적인 분산화와 권력이동을 통해 새로운 협의의 시스템을 만들어 질 것이다. 우리나라 암호화폐 거래규모는 전 세계에서 3위권에 들어갈 정도로 암호화폐에 대한 관심도가 높다.

암호화폐ICO의 규제

암호화폐의 거래 규모

최초의 암호화폐인 비트코인이 2009년 탄생한 이후 지금까지 2,000여 개의 암호화폐로 세계 곳곳에 거래되고 있다. 비트코인의 가격은 탄생 이후 불과 수년 만에 1억 배 이상 뛰었다. 세계 암호화폐의 전체 상장시가 규모는 2018년 1월 최대 8,400억 달러까지로 치솟았다. 이 수치는 세계 17대 경제대국인 터키의 GDP기준 경제 규모와 비슷한 것이다. 국내 시장에서의 하루 거래량도 폭발적으로 늘어나 코스닥시장 규모를 능가하여 평균 7~10조원 규모 이상에 달한다.

암호화폐의 나라별 견해

여러 국가에서는 암호화폐에 대해 신중히 접근해 오고 있다. 중국은 세계에서 비트코인을 가장 많이 보유하고 있으며, 채굴량도 세계 최대의 채굴장비 업체 비트메인에 투자 활동하는 등 세계적으로 비트코인 거래량도 약 90%를 보유하고 있다. 2013년 12월 비트코인의 결제 중지를 요청했으며, 중앙인민은행은 2017년 9월에 ICO 전면금지 발표하기에 이르렀고 급기야 일부 거래소가 폐쇄를 결정하게 되었다. 이웃나라인 일본에서는 2017년 4월에 개정한 자금 결제 법에 따라 암호화폐에 대한 정의나 이용자 보호를 위한 암호화폐 교환업의 등록제 도입 등을 실시하였다.

우리나라는 2017년 9월 암호화폐ICO의 규제와 처벌에 관한 검토를 시작하였다. 영국은 2017년 9월 ICO투자에 대한 주의를 환기시키고 ICO가 증권거래소로 간주하여 안내책자 발행하고 있다는 견해를 발표하였다. 싱가포르 역시 2017년 8월에 이미 조건에 맞는 증권거래소와 같이 간주하여 암호화폐 거래소 설치를 발표하였다.

암호화폐의 인정 가치

ICO는 일부 나라에서는 법적화폐로 인정받지는 않고 있지만 개인 간에 화폐가치로 거래되고 있다. 따라서 실생활에 필요한 화폐로 인정받기 위해서는 미비한 제도적·법적 문제점을 해결해야 하는 숙제가 산적해 있다.

암호화폐를 화폐로 인정하기 어렵다는 측의 논의는 두 가지로 지적할 수가 있다. 하나는 암호화폐는 아무런 내재가치가 없다는 것이다. 즉 화폐는 사용자들이 모두 인정하는 객관적인 가치가 있어야 한다는 것이다.

다른 하나는 암호화폐 거래 가격의 유동성이 등락 폭이 크다 보니 화폐로서의 역할이 아직 부족하다는 것이다. 지난 과거를 보면 암호화폐 투자 열풍이 거세게 불던 2017년 12월과 2018년 1월에는 가격 급등락 현상이 심하게 있어 왔다. 이에 많은 나라에서 암호화폐에 대한 기준을 정립하는 중에 있다.

암호화폐의 규제와 입장

현재 우리나라는 암호화폐를 화폐 내지 지급결제 수단으로 인정하지 않고 있다. 그리고 재화나 자산으로 이전하지도 않고 아무런 법적 실체가 없는 암호화폐로 보고 있다. 우리나라 정부는 2017년 9월 기술·용어 등에 관계없이 모든 형태의 ICO를 금지한다는 방침을 내놓았으며, 2017년 12월에 두 차례에 걸쳐 '암호화폐 거래에 대한 규제대책'을 마련하여 발표하였다. 이에 의하면 미성년자와 외국인의 신규 거래를 불허했다. 또한 금융회사가 암호화폐를 보유·투자하거나 담보로 잡는 것도 금지하기로 했다. 이러한 정부의 규제강화 방침은 2018년 들어서도 이어지고 있다. 암호화폐 거래소 폐쇄 문제도 검토될 수 있다는 발표까지 나왔다. 금융위원회FSC는 규제기관이 암호화폐에 반대하지 않고, 자금세탁방지 및 기타 불법 활동에 대한 수정안을 발표했다고 밝혔다.

우리나라 정부는 암호화폐에 대한 국제적인 협력을 요구하고 있으며, 또 다른 관계자는 아직 규제를 확립하는 초기 단계에 머물러 있다고 말하고 있다. 또한, 정부기관 간의 광범위한 평가로 인해 통일의 획일화가 어렵다고 생각하고 있다.

암호화폐 거래 실명제의 흐름도

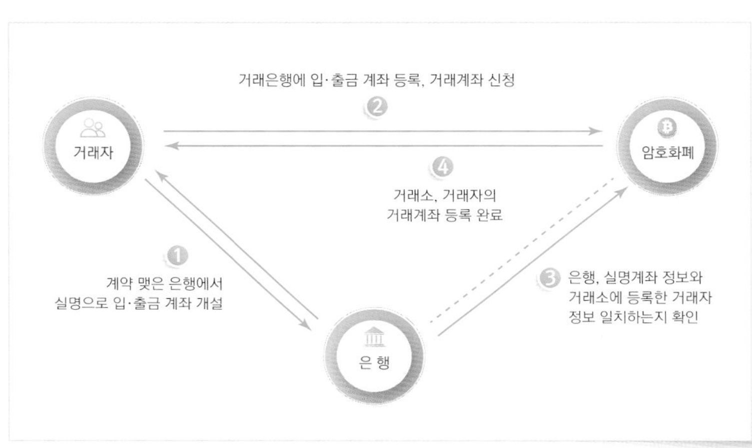

자료 : 금융위원회FSC 저자의 의견 반영 저자 재정리

정부는 암호화폐에 대한 투기적인 특성 때문에 그것들을 '비금융 상품'으로 간주한 바 있다.

모든 국가들은 암호화폐에 대한 어느 정도의 규제는 필요하지만 관련 정보가 부족하다는 점을 인정했다.

암호화폐ICO 문제점

암호화폐ICO가 안고 있는 문제점

암호화폐ICO가 안고 있는 문제는 여러 가지가 있다. 우선 자금의 추적이 어렵다는 점, 기존의 은행 등 금융기관이 관여하지 않기 때문에 통화의 흐름 추적이 쉽지 않다는 점, 국경을 초월하여 거래가 이루어지기 때문에 해외로부터 정보를 취득하거나 이를 이용하기가 곤란하다는 점, 암호화폐 이용자 정보를 수집하는 중앙기관이 없기 때문에 정보원이 한정될 수박에 없다는 점, 암호화폐의 동결 또는 보호가 어렵다는 점, 암호화폐를 보유하고 있는 투자자들의 자산을 보호하기 어렵다는 문제점들을 들 수 있다.

날이 갈수록 암호화폐의 활용도가 크게 늘어나고 가치 또한 상승하고 있지만 물품의 매매 거래마다 소비자에게 부과하는 부가가치세 등 간접세나 소득세 및 법인세를 부과하기가 암호화폐 계좌의 익명성 때문에 쉽지 않다. 또한 국가경제가 지하경제로 변형되거나 사기와 횡령 등 다양한 범죄수단으로 확산될 가능성이 국가적 문제점으로 지적되고 있다.

암호화폐 거래와 관련된 다양한 위험 요소들에 대처하기 위한 철저한 안전장치가 필요하다.

온라인 상 범죄 유형을 몇 가지만 소개하면 다음과 같다.

첫째, 인터넷 포털 사이트에 채팅 방을 개설하여 거래 회원을 모집하여 정보 댓가로 금전을 탈취하는 행위.

둘째, 암호화폐 채굴Mining에 참여하면 일정 수익을 보장한다며 투자자를 모집하는 사기 행위.

셋째, 정상적인 거래소에 인터넷 주소와 같이 동일하게 위장한 피싱 사이트Fishing Site에 연결되도록 하여 ID와 비밀번호를 입력 유도된 투자자의 실제 계좌에서 암호화폐가 인출하는 행위.

넷째, 신규 암호화폐 발행을 미끼로 투자자를 모집하거나 투자를 대신해 준다며 펀드 형태로 돈과 금융정보가 탈취되는 문제점들이 무수히 많다.

암호화폐의 시장경제

오스트리아 학파

암호화폐에 가장 우호적인 경제학자들은 오스트리아 학파다. 신자유주의로 대별되는 이들의 경제관은 1%에 의해 운영되는 방식이 아니라 99%의 강도로 자율적 게임을 통해 나타나는 자발적 질서를 중시하는데 반해 탈중앙화 자율적 시스템을 지향하는 블록체인의 사상과 동일한 유전자를 가지고 있다.

2차 세계대전과 전후 냉전체제를 거치면서 오스트리아 학파는 케인즈 학파에 비해 소수 의견으로 여겨졌던 것도 사실이다. 그러나 1970~1980년대 경기 침체를 거치면서 밀턴 프리드먼Milton Friedman, 1912~2006과 같은 신자유주의 경제학자들의 이론이 다시 각광을 받았고, 2008년 미국 금융위기 당시 등장한 비트코인은 99%의 혁명을 통해 새로운 경제시스템을 건설하자고 나오고 있는 것이다.

케인즈 학파

반면 암호화폐에 부정적인 견해를 보이는 경제학자들은 케인즈 학파다. 노벨경제학상 수상자이기도 한 폴 크루그먼 교수는 비트코인은 거품이고 사기고 골칫덩어리라고 혹평하는 입장이다. 그도 그럴 것이 케인즈 학파는 1929년 미국 경제대공황이 왔을 때 정부의 강력한 개입과 통화/재정정책을 통해 해결해야 한다고 주장한 존 케인즈John Maynard Keynes, 1883-1946의 이론을 계승하는 경제사상이기 때문이다.

애덤 스미드

19세기 오스트리아에 모인 학자들은 애덤 스미스의 '보이지 않는 손'을 신봉했다. 이들의 이론은 '분산된 지식을 분권화된 경쟁 체제가 얼마나 효율적으로 이용할 수 있는가'에서 출발한다. 즉, 서로 다른 가치체계와 지식을 가진 개인들이 서로 필요한 물건과 서비스를 주고받는 자율적이고 창의적이고 발전적인 시장경제관을 가지고 있는데, 이들은 경제를 '이코노미'라고 부르는 것도 반대한다. 영어 '이코노미'의 어원은 고대 그리스어 '오이코노미아oikonomia'인데, 집이라는 뜻의 'oikos'와 관리한다는 'nemo'의 합성어다. 즉, 집을 잘 경영하는 학문 또는 기술이라는 의미를 내포하고 있다.

오스트리아 학파의 경제관

오스트리아 학파는 누군가가 누군가를 경영한다는 생각을 탐탁지 않게 여기는 것이다. 대신 카탈락티스Catallactics라는 용어를 사용하기도 했다. 교환학 또는 시장학이라 번역할 수 있는 카탈락티스의 어원은 고대 그리스어 카탈라테인katalattein인데, '교환하다, 커뮤니티 출입을 허가받다, 적에서 친구로 변하다' 등의 의미다. 1%의 리더십에 의해 공동체家를 운영하는 것이 아니라 99% 피어들의 자율적 커뮤니티가 형성되어야 한다는 신념을 가지고 있는 것이다. 자생적으로 조화와 균형을 이루어 나갈 수 있는 자동 메커니즘이 시장의 본질이고, 시장에서 소비자와 공급자 간의 무계획적인 상호작용인 카탈락시 게임을 통해 자발적 질서spontaneous order가 나타난다는 오스트리아 학파의 경제관은 블록체인의 사상과 일맥상통한다.

패러다임의 변화

자본주의 시장경제를 지탱해온 경제학 이론을 알기 쉽게 소개하고 블록체인이 몰고 올 경제시스템의 모습을 상상할 수 있는 비전을 독자에게 제공한다. 자본주의 산업문명의 경제 패러다임이 소유와 경쟁이었다면 블록체인 생태계에서는 공유와 서로의 합의로 바뀐다고 말한다. 자본을 투입해서 산업을 일으키고 경쟁하면서 소유의 전쟁을 하는 것이 아니라 P2P 방식의 거래를 통해 자산을 공유하는 패러다임의 변화가 생겨난다는 것이다.

위의 경제학 연구자들의 이런 혁명적인 일이 가능할까? 인터넷이 오프라인 경제를 온라인 경제로 바꾸어 놓았다면 블록체인은 실질적인 분산화와 권력이동을 통해 새롭고 획기적인 시스템을 만들고 있다.

출처 : 김용태. 블록체인으로 무엇을 할 수 있는가. 2018. 5.

PART 2

암호화폐의 특성

암호화 방식 채택과 발행량 제한 암호화폐의 종류는 2,000개 내외가 된다. 비트코인이 출시된 이후 이를 기반으로 한 다수의 암호화폐들이 우후죽순처럼 쏟아져 나오고 있다. 이것들의 일반적 특성은 무엇보다도 암호화 방식을 취하고 있다는 점이다. 암호란 비밀을 유지하기 위하여 당사자끼리만 알 수 있도록 꾸민 기호를 말한다.

탈脫중앙화 자율 통제와 P2P분산 네트워크 암호화폐가 제3자나 금융조직의 개입이 전혀 없는 개인 상호간 P2P 네트워크의 분산처리 방식을 취하고 있기에 가능하다. 법정화폐나 기존의 암호화폐는 금융조직이나 발행기관의 개입에 의해 이중사용 방지라든지, 조작 방지, 가치 조절 등의 조치가 취해지고 있다. 익명성과 공개성 암호화폐를 얻으려면 우선 전자지갑을 인터넷상에서 개설해야 하는데, 개설 과정에 거래자의 개인 정보를 제시하지 않는다. 또한 암호화폐를 주고받는 거래는 단지 거래자가 생성한 주소를 통해 이루어지기 때문에 예금주에 대한 익명성이 보장된다.

출처 : 이철환. 암호화폐의 경제학, 2018. 2

생산적인 투자와 탐욕적 투기

자본주의 시장경제에서는 투자와 투기는 둘 다 자연적 시장이 필요하다. 투자나 투기로 이익을 추구하는 관점에서 보면 다를 게 없으며, 투자는 상품 이동을 통해서 얻는 이득을 말하는 것이고, 투기는 구매하는 상품의 상승가치의 차익을 얻기 위하여 교환하는 것이다.

이러한 양자 사이에 분명한 차이점은 존재할 것이다.

첫째, 자금을 운용하는 활동에서 차이가 있다. 부동산을 구입할 때 그곳에 공장을 지어 상품을 생산할 목적을 지닌 경우는 투자가 될 수 있지만, 부동산 가격의 인상을 기대하여 매입을 한 후 어느 시점에 이익을 남기고 다시 팔려는 목적을 두는 행위를 투기라고 한다.

둘째, 투자행위이든 투기행위든 이익을 추구하는 과정에 있어서도 차이가 있다. 투자를 통해서는 재화나 서비스가 생산되고 고용이 창출되는 등 경제활동이 이루어지면서 다양한 부가가치가 만들어진다. 반면 투기과정에서는 불안한 요소들이 무수한 상태이라서 불안한 현상으로 모든 것이 합법적이지 못하고 있기 때문에 사회적 경제적 문제를 야기한다.

셋째, 투자와 투기는 제공되는 정보의 질에 현저한 차이가 있다. 투자는 전문지식을 기반으로 다양하고 합리적인 정보들이 제공되지만, 투기는 질적으로 낮은 정보에 의존하는 경우가 된다. 투자는 정확한 데이터를 기반으로 미래를 예측하고 효용을 이끌어내는 활동이다.

넷째, 투자는 자산의 증가를 가져올 수 있는 확률이 높지만 투기는 리스크 관리의 어려움이 동반하는 가능성이 높고 실패할 경우가 많다. 투자는 목표달성에 있어 위험을 줄이는 합리적 판단을 위한 정보 수집과 분석 등의 도구 활용을 통해 달성할 가능성이 높지만, 투기는 일확천금을 노리는 자세가 앞서다보면 일반적으로 시간적 타임에 있어서 실패요인을 파악하는데 놓치게 되고 이로 인한 실패가 뒤따르게 된다.

이 밖에도 장기적 수익을 목표로 투자하는 것이 투자라 하면, 투기는 짧은 기간에 수익을 기대하여 돈을 운영·관리하는 것이다. 적법성 여부에 따라 합법적이면 투자, 불법적이거나 혹은 도덕적인 문제가 동반한 투자라면 투기라고 볼 수 있다.

출처 : 이철환, 암호화폐의 경제학, 2018. 2.; 박대호, 암호화폐 실전투자, 2018. 2. 북오션.

암호화폐를 법적화폐로 인정하는 국가들

독일은 가장 먼저 비트코인을 공식 화폐로 인정한 국가이다. 2013년 8월 독일은 비트코인을 지급결제 수단임과 동시에 하나의 금융상품으로도 취급함으로써 소비세는 물론이고 발생한 차익에 대해서도 과세하고 있다.

일본은 2017년 4월 '자금 결제법'을 개정해 암호화폐를 지급결제 수단으로 인정하면서 가장 적극적으로 암호화폐를 수용하는 나라가 되었다. 더욱이 중국의 규제조치 이후 세계 암호화폐 시장을 선점하겠다는 야망을 한층 더 강화해 나가고 있다. 그 결과 엔화로 거래되는 비트코인 거래량이 세계 전체의 절반 수준에 이른다. 이에 따라 그동안 화폐가 아닌 하나의 자산으로 간주함에 따라 부과되던 8%의 소비세를 폐지했다. 그리고 ICO에 대해서도 적극적인 자세의 입장을 펼치고 있다. 이에 자국 저가 항공사는 피트코인으로 항공권을 구매를 허용하면서 거래의 안정성과 거래자를 보호하기 위하여 관련 규정 및 거래소 설립을 강화해 나가고 있다. 기본 규칙을 세워 공인회계사를 통한 외부감사

실시, 최저 자본금 의무화 등 그리고 암호화폐가 자금 세탁 수단으로 악용방지, 거래자 본인 확인을 강화, 업무개선 명령 등의 국가는 거래자를 보호하는 장치를 마련을 위해 행정처분 명분도 마련하고 있다.

이외에 스위스는 전 세계에서 가장 먼저 ICO 허브로 자리매김했다. 호주도 암호화폐에 대한 회계 기준을 마련하는 등 비트코인을 일종의 화폐로 인정하고 관련 규정을 정비하고 있다. 반면 미국은 신중한 입장을 보이고 있다. 이에 우려로서는 글로벌 화폐 성격이 강한 암호화폐가 새로운 기축통화로 부상하는 것에 있다고 풀이된다.

이처럼 지금 세계는 암호화폐 시장과 산업을 둘러싸고 규제와 육성에 신중한 고민을 갖고 있다. 또한 암호화폐에 대한 과세 등 다양한 정책을 제도화하는데 신중을 기하고 있다. 세계는 정보화시대에 이어 4차 산업혁명 시대를 끌고 나갈 새로운 첨단기술로 각광받고 있는 블록체인의 기술기반에 둔 암호화폐ICO에 대한 논란에 중심이 되고 있다. 여기에 기업가인 애플 공동창업자인 스티브 워즈니악과 마이크로 소프트의 빌게이츠는 암호화폐인 비트코인의 가치를 높이 평가하고 있다.

우리나라는 어떤가?

거래 규모에 전 세계에서 3위권에 들어갈 정도로 암호화폐에 대한 관심도가 높은 나라이다. 그러나 아직까지는 정부가 인정하는 지급결제 수단, 재화나 자산, 법적 실체가 없기 때문에 암호화폐 거래소도 설립에 제한도 없다. 암호화폐에 대한 과세도 없다. 다만, 과도한 투기 행위에 대해서는 금융시장을 흐트러지지 않도록 법적 제재를 가하고 있다.

이에 정부는 비트코인 등 암호화폐에 대해 모니터링을 강화해 나가고 있다.

출처 : 이철환. 암호화폐의 경제학. 2018. 2. 다락방(120~122)

정보데이터의 가치창출

출처 : 창조경제연구회(KCERN)

암호화폐 특성

암호화폐ICO의 규제

암호화폐의 생산적인 투자와 탐욕적 투기

암호화폐를 법적화폐로 인정하는 국가들

블록체인 세계의 이해와 응용

BLOCK CHAIN

PART 03

BLOCK CHAIN

분산형 신용정보 수집 및 활용 방안

CHAPTER 01

개인정보의 중요성과 문제점

집중화와 정보의 부재

오늘날 '개인정보'는 매우 가치 있는 자산이다. 빅데이터화 된 개인정보는 수치로 가치를 측정하기 어려울 정도다. 회사는 개인정보 빅데이터를 활용하여 제품을 설계하고, 마케팅 전략을 수립한다. 금융기관은 대출 상품의 위험을 관리하고, 보험 상품을 설계한다. 경제를 움직이는 힘이 개인정보라고 해도 과언이 아닌 시대다. 그러나 개인정보 데이터는 Amazon, Google, Facebook 포함한 다양한 기업들이 소유하고 이용하고 있는 것이 현실이다. 즉 가치 있는 개인정보의 집중화 독점화 현상이 가장 큰 문제이다.

반면에 자신의 신용을 평가할 수 있을 만한 정보, 이를 테면 금융 거래기록 등을 보유하지 못한 인구가 많다는 점이다. 분산형 신용정보 공유나라는 개인은행 계좌가 없는 사람이 없고 할부금융 등 신용을 통한 구매가 일반화 되어 있어 개인 정보가 충분하고 과다하게 발생하고 관리되고 있지만, 분산형 신용정보 공유나라를 벗어나 동남아시아 국가나 아프리카 등의 경우에는 은행계좌 보유 비율이 불과 25%에도 못 미치는 나라가 허다하다. 은행 신용정보가 없는 개인 정보는 정말 수집도 활용도 어렵다.

따라서 신용평가 기관의 전통적인 신용평가 방법으로서는 정보를 보유하지 못한 사람들에게 금융혜택을 제공할 방법이 없어 이들은 금융 혜택을 제대로 받지 못하는 악순환을 초래하게 되었다.

저 신용자문제가 아니라 신용 자체의 근거가 없는 소비자군의 존재는 신용을 통한 소비 촉진이라는 측면에서 매우 불합리하고 이 또한 경제 발전의 발목을 잡기도 하고 빈부격차의 고리를 끊어내는데 장애물이기도 하다.

개인신용을 평가하는 신용데이터는 '개인'에서 시작됨에도 불구하고, 대부분의 개인들은 그 데이터를 소유하지 못한다. 신용평가기관을 비롯하여 수십, 수백 개의 금융기관에 보관되어 있으며 각 평가기관은 각자의 평가기준을 통해 개인신용을 평가한다.

경제학자들도 기업의 개인정보 사용에 대하여 다음과 같은 문제점을 지적해왔다.

[1] 소비자는 회사가 개인정보를 어떻게 사용할 것인지에 대한 지식이나 통제력이 거의 없으며, 개인 정보의 2차적인 사용을 막을 수 없다.

[2] 거래비용 등의 장애 요건으로 인해 소비자가 일반 시장 조건 하에서 개인 정보를 보호받지 못한다.

[3] 개인은 정보의 부족과 정보활용 능력의 한계, 그리고 행동경제학과 의사결정 연구로 밝혀진 다양한 인지적, 행동적 편향으로 인해 자기 정보 보호를 위한 합리적인 행동을 하기 어렵다.

[4] 일부 학자들은 개인이 이러한 기업의 개인 정보 활용으로 인한 피해를 없애면서 향상된 맞춤 서비스를 얻기 위해서는 IT 기술을 활용하여 자기 정보를 익명화 하는 기술의 필요성을 강조하기도 하였다.

[5] 개인 정보의 가치는 정당하게 대접받지 못했다. 경제학자들은 "개인정보의 보호가 약하다고 생각하는 사람들은 개인정보를 덜 가치 있게 여기며 자신의 정보를 쉽게 제공하는 경향이 있다. 그리고 다시 그들은 개인정보를 쉽게 제공하였기에 개인 정

보의 가치가 더 낮다고 믿게 된다."

신용을 표현하는 방식의 변화는 신용을 측정하는 평가 전문기관을 등장시켰으며, 신용평가를 위한 정보의 집중화 및 신용 평가회사의 독점화 현상을 초래하였다. 특정 기관 집중화 및 독점화에 따라 정보유출 문제, 사회적 관리 비용 증가 등 신용정보에 대한 여러 가지 문제가 발생하기 시작하였고, 개선의 필요성 또한 대두되었다.

신용평가정보 관리체계와 한계

신용을 데이터화 하고 수치화 하는 추세에도 불구하고 아직도 전 세계 인구의 59%약 45억명는 자신의 신용을 평가할 수 있을 만한 데이터를 가지고 있지 못하다. 세계 경제 1위의 국가라고 할 수 있는 미국에서조차 신용평가정보가 없는 인구는 2,600만명에 달하며, 우리나라에도 약 10%의 인구는 신용평가정보가 없거나, 신용을 제대로 평가받지 못하는 신용 불량자이다. 동남아시아의 개발도상국으로 시선을 돌리면 금융소외자의 인구는 약 6억 4천만명에 이른다. 이것은 신용이라는 것이 특정 평가기관의 기준으로만 데이터화 하여 수치화 되기는 어렵다는 것을 나타내고 있으며, 활용되는 데이터의 수집 또한 쉽지 않다는 것을 보여준다.

신용평가기관에서 기준으로 정한 항목들이 과연 나를 제대로 평가할 수 있을까? 내가 가진 정보들 중에는 아직 제공하지 않은 정보들이 더 많고, 나를 더욱 좋게 표현해 줄 정보들도 존재한

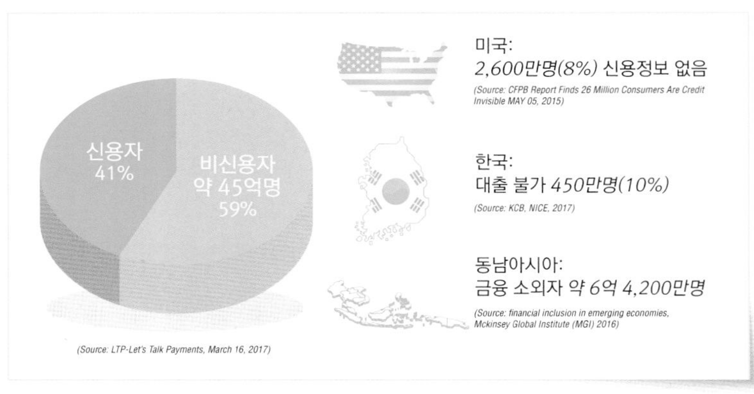

다. 그런데도 평가에 사용되는 항목이 전적으로 평가 기관의 기준에 의한 것이고, 요구하는 자료의 수집 기준도 대부분 과거의 자료라서 개인이 가지고 있는 긍정의 정보 및 잠재적 정보를 모두 반영하지 못하고 있다.

또한, 과거의 자료를 근거로 현재의 개인신용을 평가함으로써, 현재 개인의 변화된 상황을 반영하지 못한다는 평가의 한계를 보여주고 있다. 또 하나는 정보의 소유권 및 통제권에 대한 문제이다.

신용평가정보의 근원은 개인이며, 평가기관의 요청에 따라 개인으로부터 제공된다. 그러나, 개인의 정보는 평가기관에 제공되

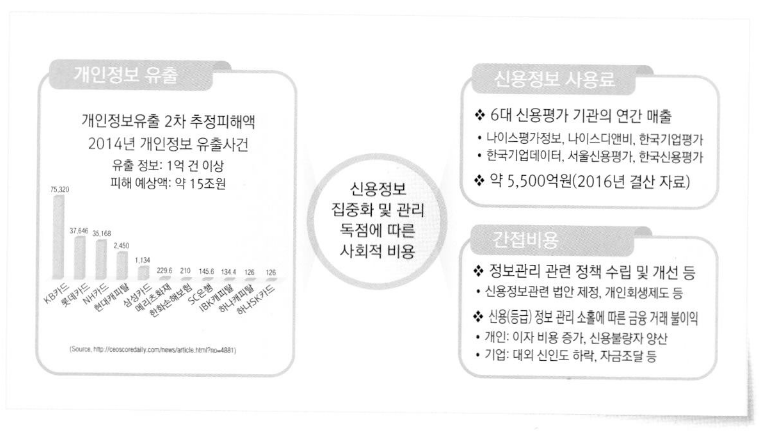

출처 : http://ceoscoredaily.com/news/article.html?no=4881)

는 순간부터 소유권이 이전되는 것으로 인식되어, 해당 기관의 신용평가뿐만 아니라 마케팅의 도구로 마음대로 활용되고 있다. 심지어 평가기관에서 가공된 정보를 확인하기 위하여 개인은 일정의 비용을 지불하여야 하는 아이러니한 상황까지 벌어지고 있다.

마지막으로, 정보 집중화에 따른 사회적 비용 문제 또한 심각한 상황임을 이해할 필요가 있다. 개인정보가 집중화되면서, 해마다 정보 유출사고가 발생하고 있는데, 대한민국의 경우 2014년에 연간 1억 건 이상의 정보 유출 사고가 발생하여 약 15조원 이상의 피해를 입었다. 또한, 정보관리를 위한 각종 정책의 수립, 제도의 개선, 시스템 구축에 따른 직·간접 비용도 발생하였다.

가공된 신용평가정보를 사용하기 위하여 지불해야 하는 개인과 기업의 비용은 연간 약 5,500억대한민국, 2016년 6대 신용평가기관 매출 추정에 달하는 등 신용정보 집중화 및 관리에 따른 사회적 비용은 해마다 증가 추세에 있다.

이에 분산형 신용정보 공유는 신용평가정보 관리에 대한 문제를 근본적으로 해결하기 위하여 개인에게 신용평가정보의 소유권을 돌려주고자 한다.

CHAPTER 02

무엇을 바꿀 것인가?

신용평가정보 소유권의 변화

신용평가정보의 소유 권리를 개인에게 귀속시켜 개인 스스로 정보를 관리하고 통제할 수 있도록 할 것이다. 블록체인 기술과 IPFS 파일 시스템을 통해 개인이 자신의 개인 정보를 관리 및 제어하고 경제적 가치를 공평하게 분배할 수 있는 범세계적으로 확장되는 분산 응용 프로그램을 구축할 수 있다. 이 새로운 신용평가정보관리 솔루션이 분산형 신용정보 공유 신용정보보상서비스 Credit Infomation Incentive Service/ CIIS이다.

분산형 신용정보 공유는 블록체인 기술과 자동화된 데이터 수집 기술을 기반으로 구축된다. 금융기관, 공공기관등에 산재되어 있는 개인 정보를 개인 소유의 디바이스핸드폰, PC를 통하여 쉽고, 빠르게 수집할 수 있으며, 개인정보와 신용평가정보를 암호화하고 분산 저장하여 안전하게 관리한다.

수집된 정보는 개인의 통제 하에 정보를 원하는 기관과 직접 연계하여 제공할 수 있어, 신용평가정보, 나아가 고객정보 관리 방법에 혁신적인 방향을 제시할 수 있을 것이다. 또한 네트워크 참여자 간의 거래를 통하여 스스로 확장하고, 진화하여 새로운 신용을 창출하는 P2P 신용생태계를 구축할 것으로 기대한다.

신용정보 보상 프로그램이란?

개인 신용정보 제공 보상 프로그램CIIS-Credit Information Incentive Programm은 사람과 사람 간의 '관계'를 분석한 사회적 신용정보다.

블록체인 기술 및 인센티브 메커니즘을 통해 분산형 신용정보 공유 네트워크는 전통적 환경에서 수 년이 필요한 신용 정보 네트워크를 신속하게 구축할 수 있다. 신용평가 기관을 통한 전통적인 신용평가 정보를 보유하지 못한 사람에게도 도움이 될 수 있다.

분산형 신용정보 공유만의 독특한 개인신용정보 제공 보상 프로그램은 사람과 사람 간의 '관계'를 분석한 사회적 신용정보에 해당한다. 분산형 신용정보 공유 사용자는 누구에게나 선물할 수 있는 보상을 매일 제공받는다. 보상은 본인에게는 아무런 가치가 없으나 수신자의 지갑에서 자산으로 바뀐다.

개인신용정보 제공 보상 프로그램을 통해 개인의 사회적 평판 측정이 가능하다. 받는 보상이 많을수록 좋은 평판을 가진 사람이며, 따라서 사회적 신뢰도가 높다. 개인신용정보 제공 보상 프로그램은 기존의 객관적 신용정보와 함께 다층적인 신뢰도 지수로 도출될 수 있다.

분산형 신용정보 공유는 개인정보를 법적으로 보호하고자 하는 요즘 추세와도 궤를 함께 한다. 분산형 신용정보 공유 네트워크에서 개인정보 거래는 소유자의 동의를 기반으로 한다. 유럽연합의 GDPR일반 데이터 보호 규정은 개인정보의 수집, 보존, 삭제, 노출 및 공개를 포함한 개인 정보의 전체 사용주기에 대하여 개별적이고 직접적인 동의를 의무적으로 요구하고 있다.

회사들은 소비자가 정보를 판매함으로써 자신의 성향을 드러내는 분산형 신용정보 공유 네트워크를 통해서 저렴한 비용으로 고객과 만날 수 있게 된다. 개인정보 빅데이터는 건강 관리, 재무 리스크 관리, 거시 경제 예측 등 거대한 경제적 혜택을 제공할 정보를 생산할 수 있는 자산이다.

직접 관리할 수 있는 개인의 신용평가 정보의 종류는 다양하며, 실시간으로 수집된다는 장점이 있다. 이는 기존 전통적 신용평가 모형의 한계를 극복하고, 수요자 중심의 시장으로 재편하는 역할을 할 것으로 기대된다.

분산형 신용정보 공유를 통해 개인정보를 '제 값'을 주고 활용할 수 있는 곳은 금융기관, 신용평가 기관뿐 아니라, 마케팅이 필요한 인터넷 서비스 업체 등 수 많은 기업이 될 것이다. 궁극적으로 정보제공자제품 소비자와 정보소비자제품 생산자가 최소한의 비용으로 만나는 개인정보 시장을 조성하는 것을 목표로 한다.

분산형 신용정보 공유는 신용평가 정보를 관리하는 개인과 그 정보의 수요자 모두에게 공평한 플랫폼을 제공한다. 분산형 신용정보 공유가 제공할 예정인 다양한 API, SDK를 활용하면 신용평가는 물론이고 온라인 서류제출, 자산현황 분석, 스마트 계약, 설문조사, 전자투표 등 영역에까지 신용평가정보를 적용할 수 있다.

따라서 분산형 신용정보 공유는 기업에게 새로운 비즈니스의 기회를 줄 것이며, 개인에게는 진정한 P2Ppeer to peer 금융 거래를 구현할 수 있는 바탕을 마련해 줄 것으로 기대된다. 즉, 중개인을 거치지 않고 직접 개인과 기업, 혹은 개인과 개인간에 정보를 거래할 수 있게 되는 것이다. 분산형 신용정보 공유는 참여자가 직접 신용을 창출하고, 자발적으로 개인간 신용 생태계를 구축하기를 기대한다.

신용정보 관리의 혁명적 변화의 틀

금융위는 2018년 초 '금융분야 데이터 활용과 정보보호 종합방안'을 발표하고 현재 금융분야 빅데이터 활성화 방안과 데이터산업 경쟁력 제고 방안에 대해 관계기관 협의를 진행 중이다. 특히 신용정보 관리에 있어 핵심적인 변화는 각 기관에 흩어지거나 민간 정보집중기관이 관리하는 신용정보를 본인 기반의 데이터관리 체제로 전환하는 마이데이터 산업 도입을 추진한다.

금융당국은 현재 금융권 마이데이터 산업 도입을 추진한다. 은행·카드·통신회사에 흩어진 신용정보를 한번에 쉽게 조회하고 데이터기반의 맞춤형 서비스가 제공되는 것이 핵심이다.

마이데이터 도입방안으로 금융위는 4차산업 위원회와 과학기술정보통신부 등 관계부처 및 산업계와도 긴밀히 협의하고 금융분야 데이터 관련 법 개정 사항을 담아 2019년도 하반기 입

법화도 추진한다.

금융위원회 2018년 8월 발표한 데이터 경제활성화를 위한 산업 육성 전략	
축 적	모은 공공데이터는 원시데이터 형대로 최대한 모으고 분야별 빅데이터센터 구축과 인공지능(AI) 학습용 데이터에 오는 2019년 각각 800억원, 195억원 전방위 투자
유 통	중소기업과 스타트업의 데이터 가공과 관리 애로를 과감하게 없애기 위해 데이터 구매, 가공 바우처 지원(2019년 구매 바우처 100개사, 가공 바우처 640개사 지원)
활 용	오는 2022년까지 500개 중소기업에 빅데이터 분석 전문기업 매칭하고 사회문제 해결 위해 빅데이터 플래그십 프로젝트 확대
데이터 이동권 확립	정보 주체가 기업과 기관으로부터 자기정보를 직접 내려받거나, 타 기관 등으로 이동을 요청해 해당정보를 활용하는 마이데이터(MyData) 시범사업 추진
	* 올해 금융통신분야 시범사업, 오는 2019년 100억원 투자 * 금융권(신용정보법 개정 추진) 등 공공성이 높은 분야는 제도록 장착
기술적 신뢰제고	2019년 데이터 분석과 AI 학습만 가능한 보완환경을 갖춘 데이터 안심구역 구축에 40억 투자, 2019년 블록체인 기술개발과 실증에 300억 투자

상기 언급된 신용평가를 위한 개인정보의 무분별한 관리, 정보 사용 남용 등의 문제는 지난 수 십 년간 문제가 제기되어 왔음

에도, 관리 방법의 부재, 정보관리 정책, 기술의 한계 등으로 등한시하여 왔다. 분산형 신용정보 공유는 정보의 권리를 양도한 채 금융기관의 정책을 따를 수밖에 없었던 한계를 극복하고 정보의 권리를 진정한 소유자에게 되돌려주고자 한다. 이를 통해 정보를 소유하고 있는 개인과 그 정보를 사용하는 사용자는 정보에 대한 가치를 더욱 중요하게 생각할 것이다. 분산형 신용정보 공유는 P2P 신용 생태계 구축을 위하여 개인이 신용평가정보의 소유권을 가질 수 있도록 여러 가지 기능을 제공해준다. 우선, 개인이 손쉽게 신용평가정보를 수집하고, 개인의 통제 하에 관리가 가능하도록 시스템 환경을 제공한다. 또한, 이러한 생태계가 스스로 운용되기 위한 매개체로 보상 자산을 만들고 이 자산을 이용, 신용평가정보의 수집과 거래에 유용하게 사용한다.

분산형 신용정보 공유 네트워크의 참여자는 정보를 제공하는 개인과 그 정보를 사용하는 금융기관, 기업 등으로 구분할 수 있는데, 분산형 신용정보 공유 네크워크의 활성화 및 기능 향상을 위한 제3자의 참여가 언제든지 가능한 구조이다.

분산형 신용정보 공유 네트워크의 진정한 가치는 신용평가정보가 없는 개인이 분산형 신용정보 공유 네트워크를 통하여 새로운 신용을 만들 수 있다는 점에 있다. 아직도 전 세계적으로는 신용평가정보가 부족하여, 금융의 혜택을 제대로 받지 못하는 사람의 수가 더 많다. 그 사람들이 분산형 신용정보 공유를 통하여, 개인의 신용을 표현할 수 있다면, 더 많은 사회적 혜택을 받을 수 있으며, 새로운 신용을 창출할 수 있다.

분산형 신용정보 공유는 네트워크내에서 자유로운 P2P 활동을 할 수 있는데, 여기에는 신용평가 정보의 거래와, 신뢰도 향상 활동, P2P 금융거래도 포함된다. P2P 거래에서 객관적인 개인신용정보와 개인신용정보 제공 보상 프로그램의 평판 정보를 통합한 분산형 신용정보 공유 신뢰지수로 사용자들은 서로를 공개하고 높은 수준의 신뢰도 위에서 거래를 할 수 있게 된다. 분산형 신용정보 공유 네트워크는 글로벌시대에 개인과 기업은 물론 개인간 거래에 신뢰 기반을 제공하게 될 것이다.

분산형 신용정보 공유 네트워크의 또 다른 중요한 기여는 양방향 마켓 플레이스인 P2B 플랫폼이다. 예를 들어 핵심 고객의 프로필을 확보한 기업은 분산형 신용정보 공유 네트워크에서 대상 고객군에 '연락처' 구매요청을 보낼 수 있다. 대상군에 해당하는 사용자는 제시된 보상을 받고 '연락처' 정보를 판매할 수 있다. 회사는 분산형 신용정보 공유 네트워크에서 정보구매를 통해서 고객 정보를 확보하고, 곧바로 고객에게 직접 제품과 서비스를 홍보할 수 있게 된다.

이러한 활동들은 신용평가정보를 개인의 또다른 무형의 자산으로 인식시켜, 새로운 시대에 신용을 바탕으로 사람들과 새로운 관계를 형성하고, 나아가 새로운 금융과 기업활동을 할 수 있는 도구로 활용될 수 있을 것이다.

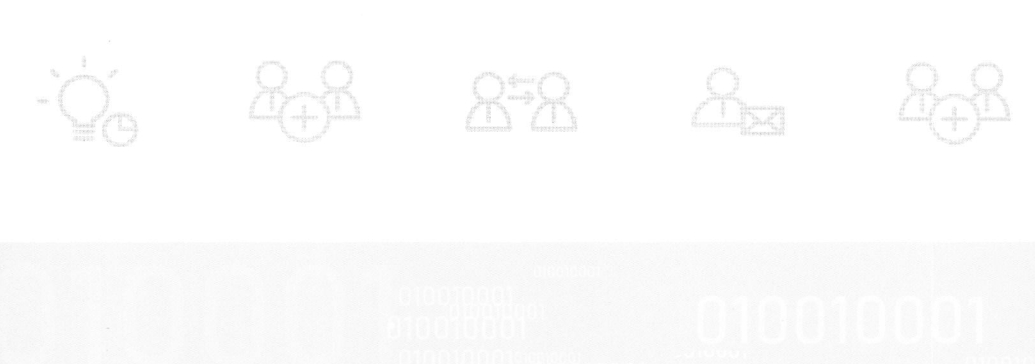

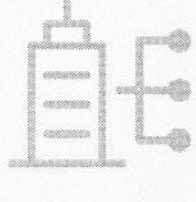

CHAPTER 03

분산형 신용정보 공유가 해결하는 문제

신용평가정보 소유권

분산형 신용정보 공유의 가장 큰 특징은 신용평가정보의 소유권을 개인에게 돌려주는 것이다. 개인에게 신용평가정보의 소유권을 귀속시켜 신용을 스스로 생성하고, 관리, 강화할 수 있는 구조로 만들어 준다.

분산형 신용정보 공유는 개인에게 실시간으로 데이터를 수집할 수 있는 기능과 데이터를 저장할 수 있는 공간을 제공할 뿐만 아니라, 수집한 데이터를 암호화하여 분산 저장소에 안전하게 보관해 준다.

보관된 분산 저장소의 정보는 PKI 기반으로 본인만 열람이 가능하고, 본인의 승인에 의하여만 제공된다. 즉, 개인은 분산형 신용정보 공유를 통하여 소유권은 물론, 정보를 통제할 수 있는 권리를 부여 받게 된다.

신용평가정보의 자산화

인류의 역사에서 자산의 개념을 보면 최초 식량, 무기, 토지에서 현재에는 특허, 상표권, 주식 등 무형의 권리까지 자산의 범위가 넓어지고 있다. 분산형 신용정보 공유는 여기에 신용평가정보를 자산목록으로 추가할 수 있다. 직접적으로 신용평가정보를 거래하여 발생하는 수익은 물론이고, 네트워크 내에서 상호 신뢰를 통하여 발생하는 추가적인 신뢰 또한 개인의 가치를 상승시키는 자산이 된다.

개인이 새로운 신용을 창출하는 P2P 네트워크

분산형 신용정보 공유는 기존 신용을 평가하는 방식과는 다른 차별화된 신용을 창출할 수 있다. 분산형 신용정보 공유 네트워크에서 생태계를 운용하는 매개체인 토큰은 개인이 Airdrop을 할 수 있는데, 개인 간 Airdrop을 통해 집단 내에서 개인 간의 관계에 따른 신뢰 분석과 개인 간의 상호의존성 그리고 집단 내에서의 개인의 평판 정도의 분석이 가능하다. 분산형 신용정보 공유는 네트워크 참여자 간의 신용을 공유하는 Trust Couple 및 Trust Union의 네트워크 구조를 활용한 신뢰도 측정, 오프라인 기반 데이터주소록, IoT, 위치정보 등를 통한 행동패턴 분석 등 개인의 새로운 신용을 생성할 수 있는 P2P 네트워크이다.

CHAPTER 04

신용평가정보의 수집 및 신뢰지수 제공

다양한 신용평가 정보 수집

분산형 신용정보 공유가 개인의 정보와 신용평가정보를 취급한다는 것에서 경쟁 요소를 2가지 방향에서 분석해 볼 수 있다. 첫 번째는 개인의 정보를 거래하는 "데이터브로커"이고, 두번째는 개인의 신용을 평가하는 "신용평가기관"이다.

"데이터브로커"란, 고객의 오프라인, 온라인, 모바일 이용 정보를 수집, 분석하여 판매하는 사람이나 기업을 의미하며, 마케팅 및 기타 목적을 위하여 이름, 주소, 전자메일, 생활 행태 등 개인 관련 사항을 판매하는 '마케팅 정보 브로커'이다. 이러한 개인의 정보는 빅데이터 수집이라는 경로를 통하여 다양하게 수집되고 유통되고 있다. 미국의 대표적인 데이터 브로커 회사는 액시엄

Acxiom으로, 이 회사는 약 7억 명에 대한 개인 정보를 보유하고 있다. 이 회사는 2015년 한 해 약 10억 달러의 매출을 올렸다. 이 밖에 코어로직, 데이터로직스 등 미국 내에서 활성화된 데이터브로커 기업은 소셜 미디어, 부동산 거래, 금융거래, 인터넷 사이트 이용 등 다양한 방면에서 사람들의 정보를 수집하고 판매한다.

"신용평가기관"은 신용평가에 대한 License를 취득하고, 전통적인 신용평가모형에 따라 고객의 신용을 평가하고 관리하는 기관이다. 신용평가기관에서 산정한 신용스코어에 따라 은행은 대출 가능 여부와 금리를 결정한다. 최근에는 빅데이터를 활용하여 Alternative data를 신용평가모형에 적용하는 기업들이 등장하였다. 전통적인 신용평가에서 개인을 평가하는 정보는 연 소득, 직장근무기간/직위, 재산 보유여부 등으로, 이들은 개인을 평가하기에는 다소 부족한 부분이 많았다.

그러나, 분산형 신용정보 공유는 이외에도 공공기관 정보, 금융거래내역, 소비행태, SNS 활동 분석, 통신 데이터 등 개인의 빅데이터나, 분산형 신용정보 공유 네트워크 내에서 생성하는 개인 간 신뢰지수 등 다양한 정보를 수집할 수 있다. 분산형 신용정보 공유 네트워크 내에서 정보는 소유자의 동의 하에, 특정 수요에 맞춰 품목별로 실시간 제공된다. 제공되는 정보는 법적 책임으로부터 자유롭고, 포괄적이며 가장 최신의 데이터를 기반으로 생산된다. 분산형 신용정보 공유 네트워크는 개인에 관한 가장 최신의 폭넓은 데이터와 개인신용정보 제공 보상 프로그램의 평판 지수를 사용하여 신용 등급을 제공할 수 있다. 또한, 분산형 신용정보 공유는 실시간으로 정보 수집이 가능하다. 정보는 빅데이터 시대의 첨단화 된 정보수집 기술인 Scrapping, DRM Parsing 솔루션 등을 이용하여 수집되며, 개인은 본인을 인증하는 인증 방법공인인증, ID-PW을 활용하여 자동으로 수 분 내에 데이터 수집 및 분석 · 저장을 할 수 있다.

블록체인업계에서 선도모델과 차이

블룸Bloom은 신분 확인 및 신용 점수 확보를 위한 블록체인 솔루션이다. Bloom은 소비자가 자신의 정체성과 재무 데이터에 대한 소유권을 부여함으로써 신뢰할 수 없는 당사자간에 정보가 공유되는 방식을 분산시킴으로써 시스템은 신원 도용의 위험을 줄이고 고객 온 보딩, 컴플라이언스 및 사기 방지와 관련된 비용을 최소화한다.

우선 Bloom[1]은 글로벌 KYC의 개념인 BloomID, 고객의 승인을 기반으로 한 신용 정보 수집 기술인 BloomIQ, 그리고 평가

1) https://bloom.co Bloom은 분권화된 신원 및 신용점수를 위한 종단 간 프로토콜입니다. 프로토콜의 핵심 기능은 Ethereum 스마트 계약으로 처리되며 상태 채널과 같은 L2 확장 솔루션을 사용하여 블록 체인에서 빠르고 저렴한 작업을 보장합니다.

메커니즘인 BloomScore를 사용한다. 그러나 Bloom의 비즈니스 모델은 신용 평가에 중점만 두고 있으며, 개인 정보 시장을 구성하는 분산형 신용정보 공유와는 차별된다. Bloom이 제공하는 서비스의 핵심은 "peer-to- peer staking"를 이용하여 신용 평가와 신원 확인에 사용하고, 인센티브를 통해 한 개인의 신용도에 대한 주변인들의 판단을 요청하는 것이다. 이러한 신용 그룹화는 애초부터 신용도를 높이려는 목적을 띄고 있다. 분산형 신용정보 공유의 개인신용정보 제공 보상 프로그램 메커니즘은 사용자가 선물을 교환을 통해 자발적으로 개인의 인적관계를 드러내게 되며, 이 경우에는 신용도를 높이려는 목적으로 집단이 구성되는 Bloom의 경우와 매우 다른 양상을 갖게 된다.

Valid의 경우에는 개인이 자신의 정보를 소유하고 그에 대한 보상 및 혜택을 받는 것을 목표로 두고 있다는 면에서 분산형 신용정보 공유와는 유사하지만 그 목표를 이루기 위한 구체적인 방법개인정보를 수집하는 하는 수단 등을 제시하지 않고 있으며, 분산형 신용정보 공유의 개인신용정보 제공 보상 프로그램 평판도 정보와 같은 개인의 인적관계에 대한 정보를 다루지 않는다.

제휴 및 파트너십

분산형 신용정보 공유의 기본철학은 개인정보가 개인의 자산이며, 따라서 개인이 자기 정보에 대한 완전한 통제권을 행사해야 한다는 것이다. 이것의 이면에는 사회 경제 시스템의 합리적이고 효율적인 운영을 위해서는 다양한 개인정보의 활용이 필수적이라는 점이다. 이러한 사회적 정보 수요에 대하여 분산형 신용정보 공유는 개별정보별로 개인들이 사용에 대한 동의/거부권을 행사할 수 있도록 함으로써 합리적 정보 사용을 가능하게 하는 역할을 하는 것이다.

현재 많은 기업들과 단체들은 개인정보를 보유하고 있고, 일부는 정보브로커를 통해서 판매되어 개인의 무지 속에 이용되거나, 개인으로부터 동의를 구하지 못해 활용되지 못한 정보들이 있다. 분산형 신용정보 공유는 이러한 기업과 단체의 데이터 시스템에 저장된 개인정보의 활용에 필수적인 개인 동의 메커니즘을 제공할 수 있다. 예로 다양한 의료기록을 보유하고 있는 종합병원은 분산형 신용정보 공유의 플랫폼을 활용하여 환자의 동의를 얻어 보유하고 있는 환자의 의료기록을 제약회사나 보험회사 등에 판매할 수 있게 된다. 여행사가 보유하고 회원의 여행 기록 정보는 분산형 신용정보 공유의 개인 동의 채널을 통해서 항공사나 여행지 호텔 등에 판매될 수 있게 된다.

각종 기업과 단체가 보유하고 있는 정보들은 분산형 신용정보 공유 채널을 통해서 정보활용처와 만나게 될 뿐만 아니라, 개인들은 자신에 관한 다양한 정보를 확인하고 이를 통제하고 활용할 수 있게 된다.

분산형 신용정보 공유의 또다른 중요한 역할인 사용자의 동의를 얻는 채널로서의 기능은 개인에 대한 다양한 정보를 보유하고 있는 여러 산업분야와 연결되어 개인의 철저한 통제권 아래서 유용한 정보들이 합리적으로 사용될 수 있는 새로운 시장을 열게 될 것이다.

개인정보와 신용정보 시장의 환경은 분산형 신용정보 공유가 구축하려는 개인 신용정보의 소유권을 개인에게 귀속시키기 위한 방향성과 비교할 때 반드시 경쟁관계라고 단정하기는 어렵다. 오히려 서로 제휴를 통하여 상호 시너지를 발휘할 수 있는 구조로 만들 수 있다.

분산형 신용정보 공유 네트워크에서는 상기 2가지 정보 시장에서 생성하기 어려운 차별화된 정보를 보유할 수 있는데, 실시간으로 데이터를 수집하는 것과 자체적으로 생산하는 신뢰지수이다. 이외에 상호 보유하고 있지 않은 개인정보와 신용평가정보를 보완하기 위하여 “데이터브로커” 또는 “신용평가기관”이 분산형 신용정보 공유 네트워크에 3rd party 로 참여하여 데이터를 공유한다면 경쟁이라기보다는 상호 시너지를 낼 수 있는 관계가 될 것이다.

신뢰지수 제공

분산형 신용정보 공유는 기존 전통적인 신용평가기관에서 제공되는 신용평가등급과는 차별화된 분산형 신용정보 공유 신뢰지수를 제공한다. 분산형 신용정보 공유에서 제공 예정인 신뢰지수는 기존 CBCredit Bureau-개인신용정보조회기관사에서 활용하지 않는 다양한 빅데이터 변수를 적용하여 자체 보유한 평가방법을 기반으로 데이터를 분석하여 실시간으로 신뢰지수를 산정한다.

신뢰지수는 2가지로 구분되어 산정할 예정인데, 실시간 데이터를 수집하여 산정하는 1)빅데이터 신뢰지수와, 분산형 신용정보 공유에서 운용할 예정인 개인신용정보 제공 보상 프로그램을 분석하여 생성되는 2) 개인간 신뢰지수이다.

특히, 개인간 신뢰지수는 네트워크 내에서 개인의 신뢰관계를 나타낸 것으로, 기존 금융기관에서 보유하고 있지 않은 분산형 신용정보 공유만의 독창적인 신뢰도 측정 방법이다.

산정된 분산형 신용정보 공유 신뢰지수는 신용정보가 부족한 Thinfiler[2]를 평가하는데 요긴하게 사용되며, 기존 대형 은행은 물론, 자체 신용평가모형이 없는 소규모 금융기관에서 고객의 신용도를 파악하는 데 적용될 수 있다.

개인정보는 신용정보에 국한되지 않는다. 경제적 가치가 있는 다양한 종류의 개인정보가 존재하며, 개인신용정보 제공 보상 프로그램은 개인신용정보에 대한 취급을 시작으로 웹상에서 제공하는 다양한 개인정보에 대한 취급영역을 늘려갈 것이다. 개인의 직업, 경력, 정치성향, 종교 철학적 믿음, 유전자 정보, 의료 및 건강기록 등 개인이 권한을 행사하고 노출 여부를 관리할 다양한 정보들이 있으며, 이들 정보는 개인에게 매우 민감한 정보이나 무기명으로 제공되었을 때 사회적 이익을 창출할 수 있는 가치를 보유하고 있다. 개인신용정보 제공 보상 프로그램은 정

2) 씬파일러(thin filer)는 '얇은파일'이란 직역에서 알 수 있듯, 금융거래 정보가 거의 없는 사람을 가리킨다. 엄밀하게는 최근 2년간 신용카드 사용내역이 없고, 3년간 대출 실적이 없는 이들로, 주로 사회 초년생이 해당한다(출처: 연합인포맥스(http://news.einfomax.co.kr)).

보 소유자인 개인의 통제권 하에 자기 정보를 자산화 한다는 기본 철학의 연장선 안에서 개인의 권익을 보호하면서 사회적 이익을 주는 개인 정보의 합리적 활용을 위해 기여하고자 한다.

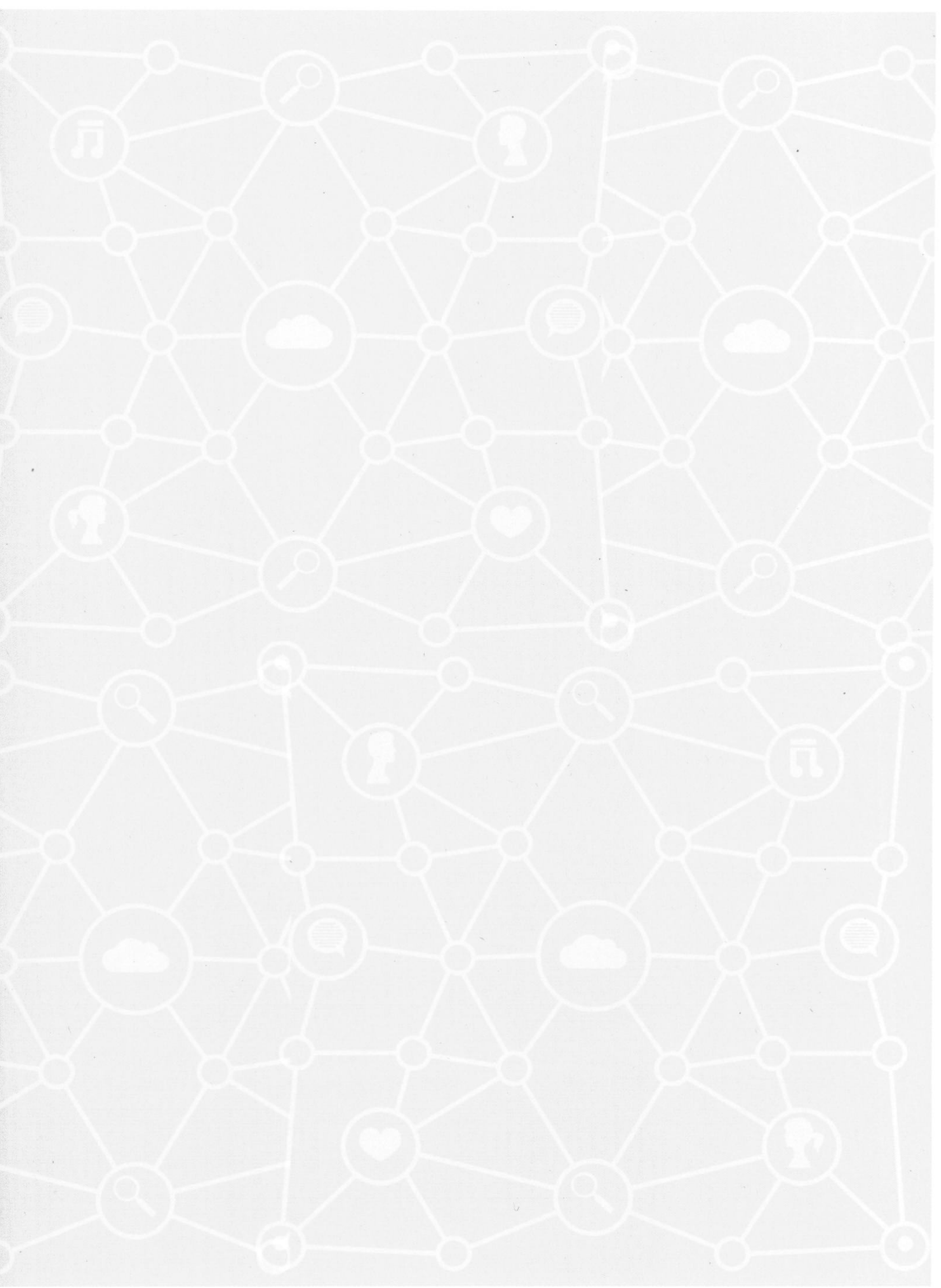

CHAPTER 05

플랫폼 구성 요소

분산형 신용정보 공유 플랫폼의 기반을 Ethereum으로 구성한 가장 큰 이유는 개인 정보관리에 적합한 분산 어플리케이션 제작 기법을 제공하기 때문이다. Ethereum은 용량은 작고 빈번하지 않게 사용되는 어플리케이션과 타 어플리케이션과의 상호작용을 감안한 튜링 완전언어를 내장하는 블록체인으로서, 스마트컨트랙트 및 분산 어플리케이션을 작성하여 소유권에 대한 임의의 규칙, 트랜잭션 형식transaction format, 상태변환 함수state transition function를 생성하고 정보제공 이벤트에 따른 process의 처리를 가능하게 한다.

이 네트워크의 호환성을 보장하기 위하여 ERC20 표준을 준수하는 토큰이 발행되는데, 향후 과다한 트랜젝션으로 네트워크 트래픽이 폭주하는 등 이슈가 발생할 때 타 블록체인 플랫폼 기반으로 확대 또는 이전될 수 있다.

IPFSInterPlanetary File System는 모든 컴퓨팅 장치를 동일한 파일

시스템으로 연결하려고 하는 P2P분산 파일 시스템으로서, content addressed 블록 스토리지 모델을 제공하고 높은 속도와 버전을 관리할 수 있는 구조를 장점으로 갖고 있으며, 분산형 신용정보 공유 플랫폼에서 개인 디바이스에 저장되기 어려운 중요한 정보 및 용량이 큰 정보를 안전하게 보관할 수 있는 Storage 역할을 한다. IPFS 시스템은 노드 운영자 제도에 의해 운영한다. 노드 운영자 제도를 통해 인증과 노드 운영에 대한 기본 조건을 확인한 후 관련 시스템 제공에 대한 인센티브를 줄 계획이다.

노드 운영자 인증을 통하여 누구나 자유롭게 IPFS 노드 운영에 참여할 수 있도록 할 예정이며, 노드 운영자는 분산형 신용정보 공유가 정한 규정에 따라 노드 운영에 대한 대가를 보상 받는다. 수집되는 데이터는 전부 암호화되어 IPFS에 저장되며, 오로지 개인의 승인에 의하여만 제공되는 구조로 되어 있다.

Ethereum의 ERC20을 표준으로 토큰을 발행하고 블록체인으로 관리하는 분산형 신용정보 공유 SmartContract를 가지고 있다. ERC20을 표준으로 채택한 이유는 다른 Token과의 호환성 때문이다. 즉, ERC20표준을 이용한 다른 서비스와 Token 교환 등 확장이 가능한 구조이다.

분산형 신용정보 공유 플랫폼에서 수집되는 정보는 철저한 보안을 위하여 Data Access Control에 의하여 관리되고 통제된다. 데이터는 소유자 본인과 데이터 열람을 승인 받은 요청자만 확인할 수 있도록 암호화 되어 보관되며, 또한 데이터 열람의 유효기간을 설정할 수 있어서 데이터 보안에 좀 더 효과적으로 대처할 수 있다.

분산형 신용정보 공유 플랫폼에서 기본적으로 제공하는 자체 신뢰지수로서, 분산형 신용정보 공유를 통하여 수집되는 다양한 데이터를 기반으로 차별화된 평가 방법을 활용하여 제공한다. Scoring은 분산형 신용정보 공유 신뢰등급 및 점수로 표현이 가능하다.

API Layer는 금융기관 및 3rd party의 자유로운 네트워크 참여와 활동을 보장하기 위한 접속 및 인증 규약을 표준화한다. 네트워크의 성능과 확장성을 보장하기 위해 Open API 구조로 설계된다.

분산형 신용정보 공유 플랫폼의 최종 서비스 모델이 되는 Application Layer에서는 서비스의 가입 및 정보의 요청과 제공을 수행한다. 정보제공자 및 정보요청자는 자신의 디바이스를 통해 서비스를 이용할 수 있으며, Global한 UX 환경을 보장받을 수 있다.

분산형 신용정보 공유 시스템에서 관리되는 데이터는 차별화된 기술을 이용하여 수집한다. 이 수집 기술은 다양한 기관의 데이터를 실시간으로 빠르게 수집한다는 장점이 있다. 데이터 수집 기술은 스크래핑, DRM Parsing, API 등 기관별 다양하게 사용되며, 개인이 소유한 디바이스 통하여 수 분 내에 편리하게 정보를 수집할 수 있다. 데이터 수집이 가능한 대상 기관은 국가별로 차이가 있을 수 있으나, 공공기관, 금융기관, 통신사, 소셜네트워크 등으로 다양하며 점차 대상 범위를 확대하고 있다.

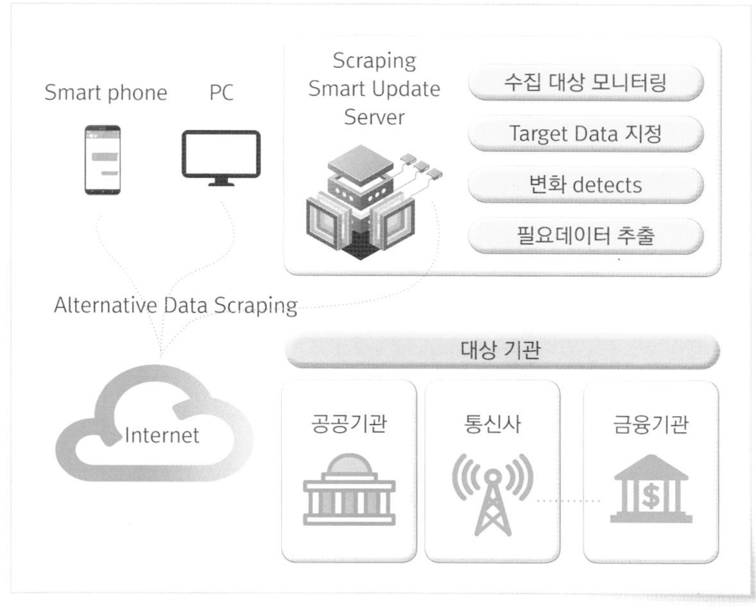

수집된 데이터를 제공하는 경우에도 분산형 신용정보 공유가 제공하는 별도의 API를 통하여, 정보 제공자의 동의에 따라 요청자에게 사용 권한을 부여하고 데이터를 제공하는 방식으로 설계되어 있다. 정보 요청, 데이터 수집, 제공이 모두 실시간으로 진행되며, 절차도 간편하기 때문에 정보 요청자 및 제공자에게 편리한 사용환경을 제공할 수 있다.

네트워크 내 P2P 금융

분산형 신용정보 공유 네트워크에서는 개인 간에 P2P 금융을 구현할 수 있다. 개인 간의 사적인 거래에서 활용할 수 있는 계약서를 제공할 수도 있으며, 신뢰도를 파악하기 위한 정보를 상호 동의하에 확인할 수도 있다. 최근 핀테크 분야에서 활성화되어 있는 P2P대출을 중개기관 없이 직접 구현할 수 있게 된 것이 그 예이다.

문서 및 서류제출 간소화

분산형 신용정보 공유 프로그램에서는 개인이 금융기관에서 대출을 받을 때 필요한 각종 증명서류를 온라인으로 제출할 수 있다.

현재 온라인으로 제출 가능한 증명서는 공공기관에서 발행하는 소득정보, 직장정보 및 세금정보와 금융기관의 금융거래정보가 포함되는데, 향후 개인이 온라인으로 확인할 수 있는 정보로 확대가 가능하다.

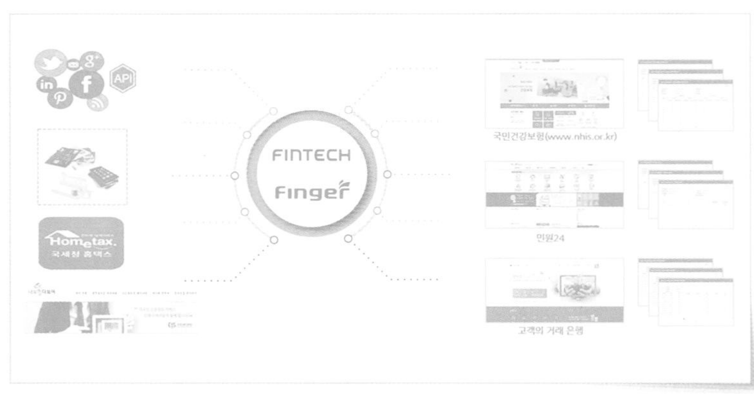

이 서비스는 별도의 Application을 통하여 제공될 예정이며, 고객은 시간과 장소의 제약을 받지 않고 편리하게 서류를 제출할 수 있고, 금융기관은 증빙서류 접수에 따른 인적, 물적 자원을 절약할 수 있다.

사례: 간편한 서류 제출

오늘 은행에 대출 서류를 제출해야 한다. 아파트를 구입하기 위한 대출심사를 받아야 하기 때문이다. 세무서에 가서 소득금액 증명원을, 시청에서 세금납세완납증명서를 떼야 한다. 월차를 써야

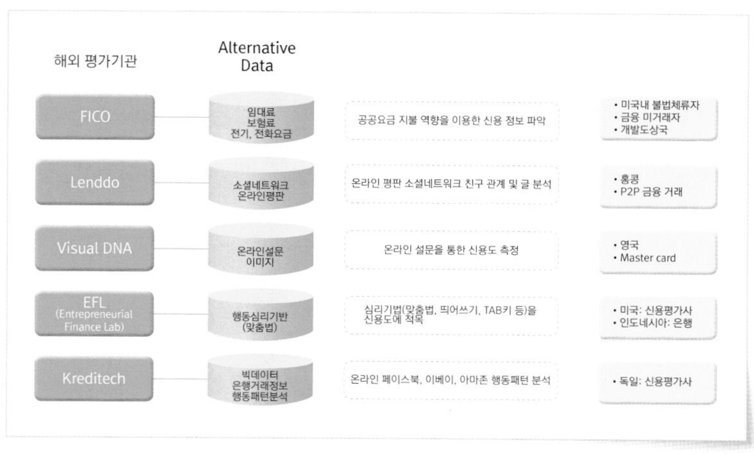

만 할 수 있는 일이다. 집사람이 나를 대리해서 뗄 수 있는 곳도 한계가 있다. 그러나 어제 분산형 신용정보 공유를 가입해 두었다. 걱정할 것이 없다. 분산형 신용정보 공유 앱에 들어가서 필요 서류들을 클릭하고, 토큰 하나를 써서 이 모든 서류 제출을 온라인으로 처리한다. 완전 간편하다.

해외에서는 이미 오래 전부터 금융정보가 부족한 Thinfiler, 금융소외자의 평가를 위하여 비 재무적 데이터Alternative Data를 활용하고 있다. 미국의 대표적인 평가기관인 FICO는 미국 내 불법체류자, 금융 미거래자를 대상으로 공공요금 납부 실적을 통한 FICO score로 신용도를 평가했으며, 영국의 Visual DNA는 온라인 설문을 통하여 신용도를 측정하고 있다. 이는 국가별로 차이가 있을 수는 있으나, 분산형 신용정보 공유가 관리하는 신용평가정보는 전 세계적으로 활용이 가능하다고 보이는 실제 사례이다.

개인신용정보 제공 보상 프로그램 정보기반의 범용 신뢰지수 개발

개인신용정보 제공 보상 프로그램Daily Airdrop은 화폐의 유통을 강화하는데 매우 유용하다. 자신이 소유할 수 없는 구조이기 때문에 자연스럽게 화폐가 유통되는 트랜잭션이 생겨난다. 서로에게 호감이나 신뢰를 느끼는 사람들 간에 자연스런 교류가 발생한다. 분산형 신용정보 공유는 그러한 것들을 신뢰 지수에 반영할 것이다. Offline 사회관계 속에서 신뢰도가 높은 사람은 자연스럽게 더 많은 토큰을 수확하게 되며, 비교 우위의 신뢰지수를 확보하게 될 것이다.

보상 선물을 많이 받은 사람일수록 타인에게 호감을 사거나 인정받는 인물이며, 이러한 인물일수록 영향력 있고 리더십을 발휘하는 위치에 있을 확률이 높을 것이다. 보상 선물 교환이 긴밀히 이루어진 특정 그룹은 신용 조합을 형성할 수 있다. 보상 선물 교환 관계에서 핵심에 위치한 사람은 그룹 내에서 영향력을 행사하는 사람이며, 이러한 정보는 효과적인 마케팅 포인트가 될 수도 있다. 서로 다른 그룹과 그룹 사이를 연결시켜 주는 인물 역시 각 각의 그룹 간에 중재자 역할을 할 수 있고 좋은 마케팅 포인트도 될 수 있다. 분산형 신용정보 공유 네트워크에서 사용자들은 또한 개인신용정보 제공 보상 프로그램의 선물 메커니즘을 통하여 새로운 관계를 형성할 수 있다.

Reference

Acquisti, A. and H. R. Varian (2005). Conditioning prices on purchase history.

Acquisti, A. and J. Grossklags (2007). What can behavioral economics teach us about privacy? In S. G. C. L. Alessandro Acquisti, Sabrina De Capitani di Vimercati (Ed.), Digital Privacy: Theory, Technologies and Practices, pp. 363-377. Auerbach Publications (Taylor and Francis Group).

Boltzmann distribution https://ko.wikipedia.org/wiki/%EB%A7%A5%EC%8A%A4%EC%9B%B0-%EB%B3%BC%EC%B8%A0%EB%A7%8C_%EB%B6%84%ED%8F%AC

data no miezaru te, 2014, Kazuo Yano, Soshisha Publishing Co. Ltd.

Gift Economy : Scared Economy, Charles Eisenstein, 2011

http://ceoscoredaily.com/news/article.html?no=4881

LTP - Let's Talk Payments, March 16, 2017

Marketing Science 24(3), 1-15

Noam, E. M. (1997). Privacy and self-regulation: Markets for electronic privacy. In U.S. Department of Commerce, Privacy and Self-Regulation in the Information Age.

[The Natural Economic Order] - Silvio Gesell

Varian, H. R. (1996). Economic Aspects of Personal Privacy. Technical report, University of California, Berkeley.

블록체인 세계의 이해와 응용

BLOCK CHAIN

APPENDIX

BLOCK CHAIN

한·중 "황해해양문화권"엑스포 추진사업

화장품의 비밀과 진실연구논문요약

한 · 중 "황해해양문화권" 엑스포 추진사업

2천년 전 중국 진시황이 충신서복을 비롯한, 기술자, 의료인, 노동자 등 동남동녀 3천명을 이끌고 불로초를 구하기 위해 출발한 지역이 현 산동성 청도의 '랑야타이'이다.

서복은 한반도의 남해 지역을 거쳐 제주도에 도착 후 일본 규슈 지역에서 일정을 마감한 것으로 역사적인 기록이 있다.

"황해해양 문화권" 문화교류 및 경제교류를 통하여 국가와 지역을 특화시켜 경제 활성화를 증진시키고 이를 관광문화권으로 벨트화 관광문화 중심이 되어야 하는 것은 시대적 소명이다. 충신서복의 행적과 관련하여 3억명 이상이 "황해해양문화권" 교류를 중심으로 경제와 관광을 포함하여 상호 물류기지로 발전시키는데 목적이 있다.

제주도는 서귀포에 서복 기념관을 가지고 있으나 이러한 역사적 내용들이 구체적화시켜 재미있고 재치 있는 이야기 거리를 제주의 생태학적 향토자원의 가치를 극대화를 위해 정기적인 포럼 행사를 포함한 국가 간 교류를 강화시키고 제주경제가 활성화되는 동기를 만들어야 한다. 한중문화교류의 핵심은 인적왕래를 우선적으로 확대 증진시켜야 할 것이다.

현재 거제시는 '거제서복회회장 박경호'를 중심으로 거제시와 자매결연한 일본 아메시에서 매년 개최되고 있고 '서복축제회장 사쿠라기'에 참가하고 일본 아메시의 특산물 생산공장과 가공공장 특히 아메시의 녹차밭 등을 방문하고 있다.

정치 · 경제 · 문화교류의 상징으로 서로 한복과 기모노를 입고 교류하고 있으며 거제시와 아메시는 서복일행이 갈구했던 불로의 원천이 되는 식물연구와 아울러 남해 거제시의 위상을 높이기 위해 서복문화권에서의 국제세미나를 주기적으로 개최하고 있다.

그러나 서복 불로초 하면 제주도가 중심에 있는 것은 역사적으로 고증되어 있다. 역사는 기록이며 사실에 근거하여 현재 생태환경에 맞게 블록체인화하여 정보를 공유함과 동시에 4차 산업혁명에 대비해야 한다. 4차 산업혁명의 근간은 빅데이터, 사물인터넷의 센서기능을 이용하여 플렛폼 시장을 만들고, 자동자율기능의 확대는 물론 인공지능화 정보사회를 만들고 있다. 결국 인공지능은 클라우드 정보를 분석·예측을 통하여 결과를 예견함은 물론 문제의 솔르션을 제공하고 효율성을 극대화시켜야 한다. 이는 모든 사물과 이동하는 물체를 정보화시켜 움직이는 모든 현상들을 추적할 수 있다. 결국 인간의 삶과 라이프사이클의 근간에 변화와 충격을 줄 것이다.

이번 기회에 남해 거제시와 일본 규슈 아메시로 중심이 되어 진행하는 황해해양문화권 활동의 중심이 되는 중국 청도와 제주를 중심으로 2020년 전에 선인들의 활동했던 무역교류의 장을 재현하는 기회로 삼아 기존의 남해 거제와 일본 규슈를 어우르는 "황해해양문화권" 엑스포 교류를 추진하고자 한다.

2016년부터 꾸준히 산동성청도 기업인협회 회장 왕연을 중심으로 인적교류를 통해 경제문화를 부활시키는 기반을 다져왔으며 왕연 회장이 시진핑주석 부인 펑리안과는 동향이고 같은 국악대 동기로 국가적 차원의 지원을 받을 수도 있다. 샤드배치 이후 경직된 중국 상황을 고려하여 업무협의 추진체가 중심이 되어 중국 청도와 친밀한 관계를 유지해왔고, 특히 제주관광공사 방문시 논의 되었던 청도직항 개설 요청도 민간차원에서 중국정부와 해결하여 2019년 봄부터 개항이 되는 성과를 만들었으며, 이를 통하여 3억 인구의 관광활성화를 벨트화 활용하면 보다 생산적인 인적 왕래가 확대될 것으로 본다.

업무협의 추진체가 충신 서복의 활동했던 문화경제 교류를 중국 청도와 제주도가 중심이 되어 거제도와 일본 규슈를 통합하여 교류의 장을 만들어 후세들에게 "황해해양문화권" 엑스포 개최된 활동기록들이 정보화되면 문화경제가 더욱 발전시키는 계기가 될 것이다. 이는 서복의 걸어온 발자취가 문화 및 경제교류가 전체 한중 "황해해양문화권" 교환 사업의 시작이며 발판이 되길 기대한다.

각국의 서복의 걸어온 문화자원중국 – 랑야타이 백주, 서복차, 한국 제주의 불로초인 제주 황칠, 백년초, 녹차, 일본 서복소학교 서복기념관, 신사 등 서복 문화유산 등을 교류함에 있어 가장 중요한 것은 생태학적 자산가치에 향상・증진시켜 황해해양문화권 사업의 목표를 실현하고 구체화시키는 노력이 필요한 이유이다.

각국이 보유한 정보자산 가치를 발굴하고 브랜드 가치를 극대화시켜 서로가 공유·연결하여 인공지능화 블록체인 기술을 이용하여 각국의 상징성 있는 컨텐츠 블록화문화를 통하여 신뢰·안전·보안 등 서로 인증함으로써 각국의 문화교류와 경제활동이 지속가능한 모델로 연구개발 응용될 것이다. 제주도를 중심으로 전체자산의 항구적인 교류의 장을 마련하는 "황해해양문화권" 엑스포 개최의 첫 거름에 의미와 가치를 부여하고 싶다.

화장품의 비밀과 진실

도자기 피부와 어려보이는 얼굴을 갖기 위해 여자들이 화장품에 많은 투자를 하고 있다.

몸에 좋지 않은 가공식품은 안 먹고 살 수 있어도 화장품만은 바르고 살아야 한다는 것이 현대 소비자의 딜레마이다. 그러나 화장품의 전성분 표기를 꼼꼼히 살펴보고 발암·환경호르몬 의심 성분, 합성계면 활성제가 첨가된 제품의 구입을 거부한다면, 철옹성 화장품 회사들을 조금씩 변화시킬 수 있을 것이다.

물론 화장품 매장에서 전 성분 표기를 확인해보면, 이러한 유해 성분이 하나도 안 들어간 제품을 찾는 것은 거의 불가능하고 가급적 최소로 들어간 제품을 선택하는 것만이 대안이라는 현실이 아직은 아쉬울 따름이다.

여심을 사로잡는 화려한 마케팅 속에 숨겨진 비밀을 하나하나 밝혀낸 것으로 자신에게 맞는 화장품 선택방법과 동안비법을 알려주려고 한다.

기초화장품은 "그야말로 피부가 '먹는' 것이기에 더 위험하다"고 경고하고 있다. 사실상 기초화장품에는 색소나 향료가 들어갈 이유가 전혀 없기에 가급적 유해 성분이 덜 들어간 제품을 선택하는 것이 최선이지만, 소비자들은 여름이 되면 단지 시원해 보인다는 이유로 발암성이 의심되는 색소가 가득 들어간 파란색 스킨에 상쾌한 향이 나는 제품을 구매하고 있는 것이다.

불황을 모르는 화장품 시장은 치열한 아이디어와 마케팅의 전쟁 상황이다. 화장품을 많이 사고 많이 바르게 하려고 스킨 · 부스터 · 토너, 로션 · 에센스 · 세럼 · 크림 등의 새로운 이름들을 쏟아낸다.

그러나 이름만 다른 이 제품들은 점성에 차이가 있을 뿐 실제로는 똑같은 제품들이다. 여기에 제품마다 미백이니 주름이니 보습이니 노화 방지니 하는 기능성 명칭까지 집어넣는다. 왠지 위에 언급한 제품들을 다 발라야 할 것 같지 않은가?

이렇게 우리는 화장품 회사의 광고 홍수 속에서 많이 발라야 피부 노화를 늦출 수 있고, 많이 바를수록 좋은 거라는 교육을 은연중에 받아왔다. 스킨-로션-에센스-크림을 기본적으로 갖춰 순서대로 발라야만 한다고 대한민국 여성들을 세뇌하는 것은 가장 대표적인 화장품 회사의 거짓말이다.

피부는 70%가 유전이고, 나머지 30%는 관리라고 한다. 그런데 우리는 화장품에 너무 많은 기대를 한다. 화장품 광고는 모두 드라마틱한 효과로 마치 내 얼굴을 팽팽하고 잡티 없는 아기 얼굴로 만들어줄 것처럼 얘기해서 우리의 기대에 부채질을 한다.

만일 그동안 사용한 화장품 중에 정말 바르자마자 좋아지는 느낌이 확 오는 제품이 있었다면, 그건 화장품 회사가 말하는 성분의 효능이 아니라 합성폴리머 덕일 것이다.

바르는 즉시 효과가 있는 제품은 없다. 만일 있다면 효과가 보이는 것처럼 만든 제품이거나 화장품에 사용해서는 안 되는 성분 등이 들어간 제품일 뿐이다.

사람들은 테크놀로지가 인간의 보다 나은 삶에 기여해야 한다고 생각한다. 그러나 아쉽게도 첨단 기술이 아직도 '싸게, 그리고 많이' 만들기 위한 작업에 주로 쓰이고 있는 것이 사실이다. 논란이 되고 있는 성분이지만 대안이 없다는 표면적 이유와 그만큼 저렴한 걸 찾을 수 없다는 실질적 이유로 국민의 건강권은 가볍게 무시된다.

우리 소비자들이 식품의 전 성분 표기를 보고 안전한 제품과 멀리할 제품을 판단하게 되면서 적어도 식품회사들을 어느 정도는 변화시킬 수 있었다.

전반적인 내용으로 우리나라 화장품의 전반적 문제점과 화장품 회사들의 속임수, 화장품에 들어가 있는 조심해야 할 화학 성분 등을 알려 소비자의 판단을 돕는 데 중점을 두었다. 화장품에 들어간 모든 성분을 표기하도록 한 것은 전 성분 표시제는 쌍수를 들어 환영할 일이나, 어떤 성분에 대한 지식 습득, 그 성분을 사용함으로 인해 나타나는 결과가 오로지 소비자의 몫으로 떠넘겨졌다는 점에서는 마냥 좋아할 일만은 아니게 되었다.

화장품 회사에 다니면서 신제품이 나오면 어떤 성분이 들어 있는지 알지도 못하면서 오로지 효능만을 보고 의심 없이 교육했던 것, 몸에 대해 공부하면서 늘 쓰는 화장품이 내 몸에 미치는 영향을 고민하지 않고 맹목적으로 화장품을 사랑했던 것을 반성한다.

한국 색조화장품에 대한 중국여성의 소비자 가치와 구매의도 연구논문 요약

연구 목적

중국은 전 세계 인구수 1위와 GDP 2위의 경제 대국으로, 중국의 화장품 소비 시장은 높은 수요와 구매력 시장으로 인해 국내외 화장품 기업들의 관심이 주목되고 있다. 중국의 화장품 시장 규모는 440억 달러이고 전년대비 6.8% 증가하였다. 중국의 경제 성장이 이루어짐에 따라 국민 소득이 늘고 외모관리에 대한 관심으로 화장품 시장이 급속도로 확대되면서 미국과 일본에 이어 세계의 3대 화장품 소비시장으로 주목받기 시작하였다. 이처럼 중국의 화장품 시장 규모가 클수록 소비자들의 소비가치와 라이프스타일의 변화에 따라 시장경쟁이 치열해질 것이다.

중국 화장품 시장 규모는 지속적인 성장 추세에 있고 소득수준의 늘어짐에 따른 성장 가능성도 높아 한국 화장품에 대한 구매의도의 강화에 힘쓴다면 충분히 진출을 고려해볼 만한 시장이다. 중국 화장품 시장에서 기초 화장품이 여전히 큰 비중을 차지하고 있지만 최근 몇 년 동안 색조화장품이 기초화장품의 성장을 초과하는 추세이다.[1] 색조화장품 시장의 규모는 기초화장품 시장의 4분의 1 정도에 불과하지만, 소비성장에 따라 스킨케어뿐만 아니라 메이크업에 대한 수요가 크게 늘었다. 색조화장품의 주요 소비자는 80년대 이후 출생자로, 앞으로 중국 경제를 이끌어 갈 젊은 세대이다. 이처럼 젊은 세대에게 각광을 받는 색조화장품 시장은 큰 잠재력이 있고 성장력은 계속 확대될 것으로 보인다.

중국 상하이에 거주하는 20~30대 여성을 대상으로 한국 색조화장품에 대한 중국 여성의 소비가치가 라이프스타일의 조절효과를 통하여 구매의도에 미치는 영향을 분석 하고자 했다. 한국 화장품 기업들이 상하이를 기점으로 하여 중국의 시장 진출을

1) 김복금(2014), "중국 여성들의 한국색조화장품 구매행동과 만족도에 관한 연구", 석사학위논문, 호서대학교, p.11.

진행 중이거나 계획 중인 화장품 시장 진출에 필요한 마케팅 전략과 기초 정보에 기여할 수 있는 자료로 이용할 수 있도록 제공하는데 목적을 두고 있다. 또한 중국 상하이에 거주하는 여성들이 한국 화장품에 대한 사용 현황이나 사용하는 브랜드, 소비가치 유형, 구매의도 및 라이프스타일을 알아보기 위해 분석하고자 한다. 분석을 통하여 소비가치와 지속적으로 변화하는 중국 화장품 소비시장에 맞는 마케팅 전략의 수립이 필요하다고 보인다.

B 연구의 필요성

여성들이 화장품 시장 분석을 통하여 소비가치와 지속적으로 변화하는 중국 화장품 소비시장에 맞는 마케팅 전략의 수립이 필요하다고 보인다.

한국 화장품 소비가치가 구매의도 및 태도에 미치는 영향에 관한 연구에 따르면 소비가치로 인해 제품에 대한 소비자들의 태도가 좋을수록 소비자들의 제품 구매의도가 높아질 것이라는 연구 결과가 있었다. 또한 라이프스타일에 따른 화장품 구매의도와 브랜드 선호도 결정요인 관련 연구도 있었다. 하지만 화장품과 관련 있는 선행 연구들 중에 라이프스타일을 조절변수로 연구한 논문이 많지 않았다. 특히 화장품과 관련 있는 선행연구들 중에 라이프스타일을 조절변수로 소비가치가 구매의도에 영향을 미치는지의 논문이 없다. 이에 본 연구에는 조절변수인 라이프스타일의 수준에 따라 소비가치가 구매의도에 미치는 영향이 달라지는지를 검토해 보고자 한다.

시사점

본 연구를 통해 결과를 도출한 시사점은 다음과 같이 제시할 수 있다.

첫째, 중국 상하이에 거주하는 젊은 여성들의 인구 통계학적 특성과 한국 색조화장품에 대한 구매의도의 관계를 살펴보았으며 구체적인 내용은 다음과 같다. 나이가 많을수록 구매의도가 높았으며 교육수준과 소득수준이 높을수록 중저가 브랜드 화장품에 대한 구매의도가 낮아진다고 보였다. 그리고 기혼과 도시 중심지역에 거주하는 여성이 구매의도가 상대적으로 더 높은 것으로 보였다. 이런 결과는 중국의 큰 대도시인 상하이의 경제 현황과 소비 수요에 부합된다. 중국의 경제가 급속도로 성장되면서 화장품 시장의 규모도 점점 커지고 있다고 볼 수 있다. 따라서 중국 소비자의 특성도 다양하게 도출되고 향후 중국 시장 내에서도 중저가의 가격 대비 가치가 높은 한국 화장품으로 요구하는 전략과 프리미엄 브랜드 강화 전략이 동시에 모색될 필요가 있다고 보인다.

둘째, 선행 연구에 미얀마 소비자들은 한국 화장품에 대한 소비가치가 구매의도 및 태도에 미치는 영향에 관한 연구에 따르면 소비가치로 인해 소비자들의 제품에 대한 태도가 좋을수록 소비자들의 제품 구매의도가 높아질 것이라는 연구 결과가 있었다난칸워, 2016. 하지만 지금까지 중국 소비자를 대상으로 소비가치를 연구하는 관련 논문이 많지 않았다. 이에 본 연구에는 중국 여성이 한국 색조화장품에 대한 소비가치가 구매의도에 양(+)의 직접적인 영향을 미치는 것이 의의가 있다고 발견되었다.

따라서 한국 화장품에 대한 기능적 가치, 상황적 가치와 인지적 가치를 부각시키는 전략이 요구된다. 즉, 중국 상하이에 거주하는 젊은 여성들이 한국 색조화장품을 구매 및 사용하는 이유는 환경 가치에 대한 선물용, 할인, 광고, 타인 추천 등 상황 때문이다. 그리고 한국 화장품을 사용함으로써 피부에 대한 안전감, 인식에 대한 호기심, 새로움, 독특함을 생각할 수 있기 때문이다. 그러므로 한국 화장품 기업들은 중국 여성들에게 한국 화장품에 대한 이런 가치를 알려줄 수 있도록 광고 및 홍보의 마케팅 전략의 수립이 필요하다고 보인다. 또한 중국 여성들은 한국 화장품에 대한 소비가치를 높이기 위하여 샘플 화장품을 나누어 주는 마케팅 전략이 필요하다고 보인다.

셋째, 선행 연구에는 중국 20, 30대 여성의 라이프스타일에 따른 한국 화장품 구매행동 차이와 한국화장품 브랜드 선호도 차이를 연구하였다유영파, 2014.[2] 그리고 장금혜[3]는 중국 여성 화장품 소비자의 구매 성향과 라이프스타일을 토대로 유형화를 시도하였고 유형별로 정보 탐색 내용과 수준, 그리고 구매 유통채널 등에 있어 통계적으로 유의한 차이들을 도출하였다. 라이프스타

2) 유영파(2014), "중국 8090후 여성들의 라이프스타일과 한국화장품 브랜드 선호도", 석사학위논문, 중앙대학교, p.5.
3) 장금혜(2016), "중국 여성 화장품 소비자 유형화 및 그 특성에 관한 연구", 석사학위논문, 충남대학교, p81.

일과 화장품 구매의도와 관련된 연구가 많지 않았다. 이에 본 연구는 중국 여성의 라이프스타일 가운데 한류 추구형이 한국 색조화장품에 대한 구매의도에 긍정적인 양(+)의 영향을 미치는 것이 나타났다. 유행 추구형 및 쾌락 추구형은 구매의도에 영향을 미치지 않는 것으로 나타났다. 즉, 중국 상하이에 거주하는 여성이 한국 색조화장품을 구매하는 이유는 한류를 추구하기 때문이다.

넷째, 본 연구에는 조절변수인 라이프스타일 가운데 한류 추구형을 통한 중국 여성의 소비가치가 한국 색조화장품에 대한 구매의도에 조절효과 영향을 미치는 것을 발견한 데 의미가 있다. 즉 중국 여성은 한류 추구형에 대해서 '매우 그렇다' 라고 긍정적으로 생각하면 상황적 가치와 인지적 가치가 아무리 변해도 구매의도의 평균이 크게 변하지 않았다. 반면에 한류 추구형에 대해서 부정적으로 생각하면 할수록 상황적 가치와 인지적 가치가 변했을 때 구매의도의 평균이 급격하게 변했다. 다시 말하면 중국 상하이에 거주하는 여성들은 한국 색조화장품에 대한 구매의도는 주로 한류문화의 영향을 받은 것으로 해석될 수 있다. 이러한 연구 결과는 현재 한국의 문화콘텐츠 관리 및 확산의 중요한 지침을 제공할 수 있다. 국가가 정책적으로 한류 문화를 활용한 수출 전략을 수립할 때 어떠한 한류 문화를 육성하는 것이 효율적인지, 또 어떠한 한류 유형을 육성해야 중국 소비자가 한국 화장품에 대한 구매의도를 높아지는지에 대한 제안을 제공할 수 있다. 또한 중국 시장 진출에 있어서 현재 한국 화장품 기업의 마케팅 차원에서 한류 문화를 적극적인 활용할 필요가 있다고 판단할 수 있다.

세대의 변화에 따라 사람들의 소비관점과 생활 태도도 계속 변화되고 있다. 이에 새로운 라이프스타일에 따라 소비자들은 제품에 대한 선호도 및 구매의도가 지속적으로 변화되고 있다유영파, 2014.[4] 따라서 중국 화장품 시장 진출을 위한 한국 화장품 기업들은 향후 신제품 개발 전략을 위해 중국 젊은 세대의 지속적인 라이프스타일 변화에 중시하고 이에 대한 고객 지향에 따른 차별화 전략이 필요하다고 보이고, 정보의 자료를 수집, 예측 모형을 만들어야 할 것이다.

4) 유영파(2014), "중국 8090후 여성들의 라이프스타일과 한국화장품 브랜드 선호도", 석사학위논문, 중앙대학교, pp.74~75.

요약

중국의 경제성장이 이루어짐에 따라 국민 소득이 늘고 외모관리에 대한 관심으로 화장품 시장이 급속도로 확대되고 있다. 특히 젊은 세대에게 각광을 받는 색조화장품 시장은 큰 잠재력이 있고 성장력은 계속 확대될 것으로 보인다. 이처럼 중국의 화장품 시장 규모가 클수록 젊은 소비자들의 소비가치와 라이프스타일의 변화에 따라 시장경쟁이 치열해질 것이다. 따라서 화장품 기업들은 중국 거대한 화장품 시장을 진출하기 위해 기초 정보와 마케팅 전략을 수립할 필요가 있다고 보인다.

이를 위해 본 연구는 중국 상하이에 거주하는 20대, 30대 여성에게 2018년 8월 20일부터 9월 4일까지 온라인 설문조사를 실시하였다. 그 중 응답이 충실한 403명의 자료를 최종 분석 대상을 삼았다. 수집된 자료는 SPSS 21.0과 AMOS 18.0을 이용했으며 통계분석을 실시하였다.

연구 결과를 요약하면 다음과 같다.

첫째, 중국 여성의 한국 색조화장품 사용 현황에 대한 조사결과를 살펴보았다. 결과 립스틱/립글로스를 사용하고 있는 여성이 351명87.1%으로 가장 많았으며 색조 화장품 브랜드를 구입하는 상황은 1순위 브랜드가 아리따움으로 25.6%였다.

둘째, 비율 및 평균검정 분석 방법을 통하여 분석한 결과, 중국 여성의 인구 통계학적 특성과 한국 색조화장품에 대한 구매의도의 관계가 있었다.

셋째, 다중 회귀분석을 통하여 검정한 결과, 중국 여성의 소비가치는 한국 색조화장품에 대한 구매의도에 양(+)의 영향을 미치는 것으로 나타났다.

넷째, 다중 회귀분석을 통하여 검정한 결과, 중국 여성의 라이프스타일 가운데 한류 추구형은 한국 색조화장품에 대한 구매의도에 긍정적인 영향을 미치는 것으로 나타났다. 유행 추구형 및 쾌락 추구형은 구매의도에 영향을 미치지 않는 것으로 나타났다.

마지막으로, 다중 회귀분석을 통하여 검정한 결과에 따르면, 중국 여성의 한류 추구형은 상황적 가치와 인지적 가치가 구매의도에 미치는 영향을 조절하는 효과가 있는 것으로 나타나고 있다. 즉 중국 여성은 한류 추구형에 대해서 '매우 그렇다' 라고 긍정적으로 생각하면 상황적 가치와 인지적 가치가 아무리 변해도 구매의도의 평균이 크게 변하지 않았다. 반면에 한류 추구형에 대해서 부정적으로 생각하면 할수록 상황적 가치와 인지적 가치가 변했을 때 구매의도의 평균이 급격하게 변했다. 그리고 인구통계학적 변수는 통제하여도 한류×상황, 한류×인지의 조절하는 효과가 나타났다.

본 연구를 통해 중국의 시장 진출을 진행 중이거나 계획 중인 한국 화장품 기업들에게 중국 화장품 시장 진출에 필요한 마케팅 전략과 기초 정보를 제공할 수 있다.

◇ 저자 소개 ◇

박 광 열

인하대학교 기계공학사
제주대학교 대학원 환경생명 (석사)

사업 활동

(전)
포항제철 근무
일광기계 대표
(사) 제주화장품 기업협회 회장
(사) 중소기업융합 제주연합회 회장

(현)
(주) 송이산업, 국제청풍 대표

연구 및 관심분야

제주화산송이(Scoria)를 이용한 기능성 제품개발 및 제조
이업종 교류와 융합 창조, 블록체인화 중소기업 미래창조
서복 불로초 역사와 관련된 한중"황해해양 문화엑스포" 추진

박 정 환

성균관대학교 경영학과 졸업
경기대학교 대학원 관광경영 (석사)
제주대학교 대학원 경영학 (박사)

참여·연구 활동

PD (정치, 사회분야)
(주) 송이산업 연구원
제주신보 논설위원
대학강사 및 연구원
중소기업 컨설턴트
신재생에너지 대표
블록체인과 4차 산업혁명

저 서

현대경영학 노트, 한올출판사, 2013
삶을 경영하다, 자연과 인문, 2018,3
블록체인의 이해와 암호화폐, 한올출판사, 2018,11

이 인 형

서울대학교 농학과 졸업(계산통계학 부전공)
연세대학교 대학원 경제학(석사)

참여활동

한국신용정보 기업평가 팀장
서울대학교 농생명과학 창업보육센터 보육 매니져
유닥스코리아 암호화폐 거래소 상장심사 위원장
카이스트 전자정부 고위과정 수료

연구 및 관심분야

블록체인의 세계. 환경활동 블럭체인 인센티브 프로젝트
UNOPS (프로젝트 조달기구) 스마트기술 조달 전시 및 컨퍼런스 조직위원회. 블록체인 미래 환경과 농업 포럼
전자정부. 분산형 신용정보 관리
일거리 창업. 기업가치 평가. 사업타당성 평가
현) 국제 암호화폐 거래소 상장심사 위원장

포 예 원

중국 상해 제2공업대학 졸업
한림대학교 대학원 경영학 석사
(주) 송이산업 연구원
관심분야
화장품의 비밀과 진실(연구논문요약)

블록체인 세계의 이해와 응용

초판 1쇄 인쇄 2019년 10월 25일
초판 1쇄 발행 2019년 10월 30일

저　　자 박광열 · 이인형 · 박정환 · 포예원

펴 낸 이 임 순 재
펴 낸 곳 (주)한올출판사
등　　록 제11-403호
주　　소 서울시 마포구 모래내로 83(성산동, 한올빌딩 3층)
전　　화 (02)376-4298(대표)
팩　　스 (02)302-8073
홈페이지 www.hanol.co.kr
e - 메 일 hanol@hanol.co.kr

ISBN 979-11-5685-846-1